KB043738

포천

D

D

대한민국 도슨트
한국의 땅과 사람에
관한 이야기

13

포천

이지상 지음

21세기북스

포천 한탄강 하늘다리

차례

포천 지도

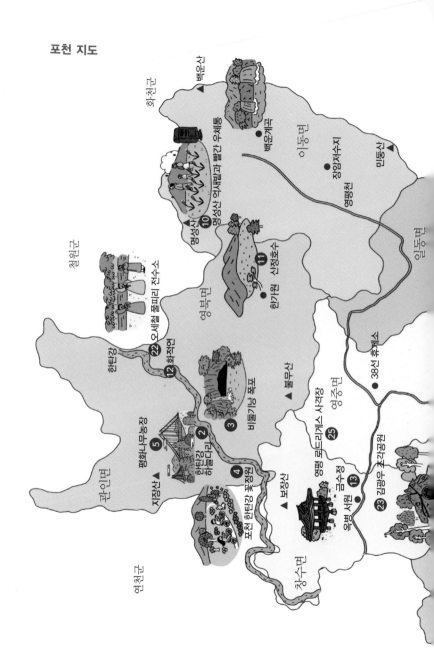

화천군

백운산 ▲

명성산 억새밭과 빨간 우체통 ⑩

명성산 ▲

철원군

오세철 풀피리 전수소 ㉒

한탄강

영북면

화적연 ⑫

한기리 산정호수 ⑪

산정호수

백운계곡

이동면

장암저수지

영평천

민둥산 ▲

일동면

비둘기낭 폭포 ③

평화나무농장 ⑤

관인면

한탄강 하늘다리 ②

포천 한탄강 꽃정원 ④

지장산 ▲

연천군

불무산 ▲

38선 휴게소

영평 도드리게소 사격장 ㉕

영중면

보장산 ▲

금수정 ⑬

옥병 서원

김광우 조각공원 ㉓

장수면

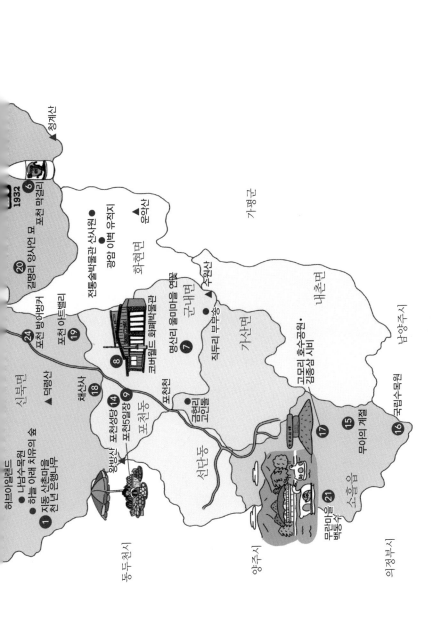

동두천시

하븐아일랜드
● 나남수목원
하늘 아래 처음의숲
지동 신촌마을
천년 은행나무 ①

포천성당 포천일향장 ⑭ ⑨
포천동

왕방산
신북면
재생사 ⑱

▲덕령산

포천 방어병거 ㉔
포천 아트밸리 ⑲

신북면

김평리 양사언 묘 ⑳
포천 막걸리 ⑥

1932

▲청계산

전통술박물관 산사원
광암 이벽 유적지

화현면

운악산

가평군

코베월드 화폐박물관
⑧

코베월드
영신리 옹마을 연못
군내면 ⑦
작두리 부부송

수원산

내촌면

신단동

금현리 고인돌

가산면

고모리 호수공원 ·
감충실 시비 ⑰

무야의 계절 ⑮

국립수목원 ⑯

남양주시

무란마을 슬로금 ⑳
백룡수 ①

양주시

이정부시

포천이라는 이름이
낯선 이들에게

그리운 것은 언제나 내 발자국의 뒤편에 있다. 모두 '두고 온', '지나온'이나 '머물렀던' 같은 수사로 각인되어 있는 기억들이다. 한때는 일상이어서 관심을 두지도 못하고 지나쳤던 것들이었지만 어느 순간 배앓이 같은 미세한 통증으로 번져 몽유(夢遊)의 환상을 만나게 하는 기억 탐닉 현상, 나는 그것을 그리움이라 불렀다. 나의 그리움은 회한과 반성, 자책이었지만 그보다는 더 많은 추억으로 쌓여 삶을 지탱해 줄 때가 많았다. 지금까지 몇 개의 발자국을 남겼을까. 애초에 모든 시간을 쌓아 두고 기억해 낼 능력을 부여받지는 못했고 대부분을 망실했다. 그럼에도 미처 헤아려 볼 생각조차 하지 못했던 수많은 흔적들 중 가장 중요한 그리움이라는 폴더에 저장된 나의 첫 번째 목록의 제목은 '나의 집'이다.

"경기도 포천군 신북면 가채1리 543번지" 내가 한글을 익힌 후 가장 많이 썼던 문구이다. 그곳에서 태어났고 고등학교를 졸업할 때까지 그곳에서 살았다. 학년이 바뀔 때마다 적는 서류에는 어김없이 주소란이 있었고 주소는 바뀌지 않았다. 대학에 들어간 이후에는 부모님의 주소였다가 이어 어머니의 주소였다가 부모님을 모신 선산의 주소가 되었다. 덕분에 내 입에서 나오는 가장 자연스러운 말은 "포천 촌놈"이었다. 대학교 학생증을 맡기고 처음으로 외상술을 먹던 날부터 첫 음반이 나오고 또 첫 책을 받아든 날도, 교수가 되어 첫 강의를 마치고 교실 문을 나오던 날도 나에게 건넨 최고의 찬사는 "포천 촌놈 이만하면 잘했다"였다.

가을을 관통하는 협곡의 물줄기에 단풍이 물든 길을 걸으면 거기엔 천 년을 묵묵히 살아온 포천의 세월들이 고스란히 담겨 있었다. 새벽녘의 물안개를 만났고 그 위에 핀 연꽃은 찬란했다. 나는 그리움으로 무장한 채 포천을 탐닉했다. 내가 닿은 곳마다 기억나는 이름들이 있어서 좋았다. 내촌엔 수더분한 말투의 복, 가산엔 키 작고 재치 있던 민, 이동엔 이른 콧수염이 수북했던 장, 영북엔 인물 훤칠했던 영과 똥개라는 별명을 가졌던 준. 그리고 내게 첫사랑의 두근거림을 알게 해 준

숙. 그 앳된 기억들이 가리키는 방향을 따라 발길을 옮기면서 사계절을 살았다.

사람의 흔적이 있는 곳, 세월의 연륜이 있는 곳. 그리고 새 단장한 간결한 옷차림으로 뭇사람들의 발길을 기다리는 곳들을 찾아다녔고 그중 스물다섯 곳을 골랐다. 포천, 이 넓은 땅에서 자랑할 만한 곳이 어디 그뿐일까마는 나의 부족한 글솜씨로 소화해 낼 수 있는 한계치가 그 정도였음을 고백하지 않을 수 없다. 한번의 만남으로도 글을 쓸 수 있었던 곳이 있었던 반면 대여섯 번을 다녀도 글이 안 나오는 경우가 더 많았다. 소개 대상의 역사가 깊을수록 글의 난이도가 높았다는 것을 탈고한 뒤에야 알았다.

포천시 관계자 여러분의 도움이 컸다. 포천에 관한 자료 제공은 물론이고 일반적으로 출입이 금지된 곳의 취재까지 허락해 주었다. 나의 짧고 퉁명스런 질문 의도를 찰떡같이 알아차리고 투박한 말투로 길게 설명해 주셨던 동네 주민들이 많았다. 짧게는 몇 년 길게는 천 년이 넘는 역사가 있었고 그 시간의 간극을 촘촘히 메우며 사는 사람들의 열정이 있었다. 모두가 포천을 다니며 나를 설레게 했던 충분한 이유였다. 포천을 다양하게 담지는 못했지만 깊게 사유할 수 있어서 좋았다. 힘에 벅찼으나 행복한 기회를 만들어 주신 출판사 관계자들께

감사를 전한다.

　나는 문학을 공부했고 노래를 만들며 산다. 공상(空想) 하는 일 말고는 다른 일을 해 본 적이 없다. 그러니 글의 부분부분 익숙하지 않은 표현이나 거슬리는 언어가 있다면 과도한 상상력을 다스리지 못한 채 글로 옮긴 나의 능력 부족임을 감안해 주시길 바란다. 그럼에도 포천이라는 이름이 낯선 분들께는 이 책이 꽤 쓸모 있는 길잡이가 될 수 있기를 바란다. 이 책은 '적당한 갈망, 지나친 낙관'이라는 내 삶의 방식을 만들어 주신 그리운 나의 하느님, 어머니의 무덤가에 놓여질 것이다.

　"포천 촌놈 내 아들 이만허믄 잘했다!" 벌써 어머니의 목소리가 들리는 듯하다.

포천 도슨트
이지상

명성산에서 바라본 산정호수 오래된 바위와 오래된 나무와 오래된 산 사이로 봄꽃처럼 편안하다.

한반도의 중원,
쟁투의 땅에서도
여전히 맑은 물 포천

마홀(馬忽). 문헌에 기록된 포천 지역의 최초 지명이다. 이두
문자를 차용했다. 마(馬)는 흐르는 물을 뜻하고 홀(忽)은 마을
을 뜻한다. 물이 흐르는 마을. 그것이 지금의 포천(抱川)이다.
마홀이란 지명은 고구려 광개토대왕이 붙인 이름으로 추정된
다. 당시에는 '명지(命旨)'라고도 불렀다. 한국사 최초의 연호
인 영락 6년(396) 광개토대왕은 포천을 지나 위례성까지 마한
과 백제의 땅이었던 아리수(한강) 이북의 58개 성 700여 촌락
을 정벌하고 고구려에 복속시켰다. 그로부터 약 150여 년 뒤
에 한반도의 중원은 신라 진흥왕의 시대였다. 그때는 '견성군
(堅城郡)'으로 불렀고 이어 경덕왕 때 '청성(靑城)'으로 고쳐 불

렀다. 삼한시대부터 이어진 한국 고대사에서 포천은 마한, 백제, 고구려와 신라로 이어지는 영토 쟁투의 현장이었다.

"중원(中原)을 차지하는 자 천하를 얻으리라", 흔한 중국 무협지의 대사가 대개 송(宋), 원(元), 명(明)을 배경으로 하는 걸 보면 포천을 중심으로 한 한반도 중원의 역사는 중국보다 대략 600~1,000년은 앞서는 셈이다. 실제로 포천 땅을 차지했던 왕조는 흥했고 땅을 잃은 왕조는 망했다. 고려 초기에 오면서는 '포주(抱州)'로 불렸다. '마을을 안는다'는 뜻이다. 수백 년 격동의 현장을 지나며 비로소 지족불욕(知足不辱)의 땅, 스스로 족하여 욕됨이 없어 누구라도 품어줄 수 있는 마을이 되었다. 서정주의 시처럼 '그립고 아쉬움에 가슴 조이던' 시절을 지나 '인제는 돌아와 거울 앞에 선 내 누님 같은' 꽃 같은 이름을 얻은 것이다. 지금의 '포천'이란 이름은 태종 13년(1413) 전국에 8도제를 시행하면서부터다.

포천 '안은 내'를 탄생시킨 두 개의 물줄기

'안은 내'라는 순우리말로 불러도 좋은 포천엔 두 개의 큰 물줄기가 있다. 축석령에서 발원해 북으로 흐르는 포천천을 사람들은 '큰물'이라고 불렀다. 규모는 크지 않으나 일년 내내 마르는 법이 없었다. 발원지는 얕은 구릉에 지나지 않으나 왼

포천 왕방산 마을은 큰물을 감싸고(안은 내, 抱川). 큰물은 왕방산(737m)과 수원산(717m)에 젖줄을 대며 천 년을 흘렀다. 그 안에 포천의 역사가 있다. 왕방산(王方山)은 포천시 포천동과 선단동, 신북면과 동두천시에 걸쳐 있다. 포천의 진산인 왕방산은 신라 헌강왕 3년(872)에 도선국사가 수도할 때 국왕이 친히 행차했다 하여 왕방산이라고 부르게 되었다. 조선 태종이 어머니 신의왕후 한씨를 모시고 포천 재백골(현 소흘읍)에 살 때 무술을 연마하였던 곳이기도 하다.

쪽으로는 왕방산(737m)과 오른쪽의 수원산(717m)의 푸른 지천들이 사시사철 맑은 물을 쏟아낸다. 포천천 굽이굽이 80리(32km) 물길을 따라 사람의 마을이 생겼고 마을을 잇는 사람의 길을 닦았다. 이 길을 '경흥대로'라고 불렀다. 함경도 경흥까지 가는 가장 빠른 길이었고 조선시대 6대로 중 두 번째 가는 중요한 도로가 되었다. 지금으로 치자면 고속도로가 깔린 셈이다.

남에서 북으로 흐르는 물줄기가 포천천이라면 영평천은 동에서 서로 흐른다. 이동면 광덕산에서 솟은 물은 백운산(903m), 명성산(922m)을 지나며 100리(40km)를 내닫는다. 백운계곡과 선유담, 와룡암을 지나 풍혈산에 닿으면 포천천과 만나 한탄강으로 흐른다. 이 지역은 태조 이성계 때 영평현이었다가 헌종 때 영평군으로 승격했고 1914년 4월에 조선 총독부에 의해 포천군으로 편입됐다. 38선이 남북을 갈라치면서는 소련군정이 관할하는 지역이 되었고 이어 북한은 1946년 12월 강원도 련천군에 편입시켰다. 한국전쟁이 끝난 1954년 11월에야 수복지구에 대한 행정권이 회복되어 현재에 이른다.

두 개의 큰물은 고모천, 금현천, 우금천, 좌의천, 구읍천, 명덕천, 운악천, 길명천, 수일천 등 크고 작은 지류를 품고 보듬으며 포천의 역사를 만들었다. 영중면 영송리와 일동면 사직리 등에서는 구석기시대의 유물이 발굴되고 있고 가산면 금현리와 포천시 자작동, 창수면 추동리, 일동면 수입리에서는 고인돌이 발견되었다. 포천의 역사를 600년으로 친다면 무척 아까운 일이다. 마홀과 양골, 견성군 시대는 물론이고 일 만 년 전 빗살무늬토기에 어골문(魚骨文)을 새겨 넣었던 이나 지금 막 어머니의 산통을 깨고 첫울음을 터트리는 갓난아기나 모두 '안은 내' 포천의 맑은 물속에 안기는 포천의 역사이기 때문이다.

포천은 1개 시(2개 동), 1개 읍, 11개 면, 으로 구성되어 있다. 가산면, 군내면, 관인면, 내촌면, 신북면, 영북면, 영중면, 이동면, 일동면, 창수면, 화현면이 있고 포천읍은 경기 북동부의 행정 교통 중심인데 2003년 포천군이 시로 승격됨에 따라 선단동과 포천동으로 나누어 졌다. 도시 개발과 수도권 연결성이 좋은 소흘면은 1996년 소흘읍으로 승격했다. 포천 인구는 7만 3,584 세대 14만 4,168명(2023년 7월 현재)으로 그 중 30%가 넘는 4만 3,489명이 소흘읍에 산다. 한편 관인면은 2,582명으로 인구가 가장 적고 포천시 등록 외국인 수는 전체 인구의 7.8%인 1만 1,270명이다. 포천시의 면적은 826.68㎢로 동쪽 끝은 이동면 도평리, 서쪽 끝은 신북면 덕둔리인데 길이가 31km이고 남쪽 끝은 소흘읍 직동리, 북쪽 끝은 관인면 삼율리로 49km이다. 경기도 내에서는 양평군과 가평군 다음으로 면적이 넓다.

38선은 잊지 못할 분단선으로 기억되고 있지만 인삼을 재배하기에 더없이 좋은 최적의 선이기도 하다. 송상(松商, 개성 상인)의 든든한 돈줄이었던 개성인삼의 명맥은 한탄강 유역의 영중, 영북, 창수와 관인면 등으로 이어졌다. 포천의 인삼이 개성인삼으로 불리는 데는 이유가 있다. 한국전쟁으로 더 이상 인삼을 재배할 수 없었던 개성 지방의 삼농인들이 가업인 인삼 농사만은 지켜야 한다는 일념으로 삼의 종자를 몰래 땅속에 숨겼다가 휴전 후 남한에서 다시 농사를 시작한다. 그곳이 포천이었다. 개성과 위도가 같으니 기후와 토질도 같아 인삼을 재배하기에 손색없는 지형적 조건이었다. 포천 개성인삼은 경기도 인삼 생산량의 15%를 차지하는데 전국 어디서나 최고의 품질을 인정받고 있다.

분단을 이고 산 만큼 평화를 안고 살자

포천에는 군부대가 많다. 38선을 두고 있어 한국전쟁 발발 당시 최초의 격전지가 포천이었고 전쟁이 끝나고는 분단의 위협을 지켜내는 최전방 지역에 속한다. 동양 최대 규모의 미군 사격장과 한국군 포격 훈련장이 있고 각 지역마다 군부대가 없는 곳이 없으니 포천을 군 생활의 추억이 깃든 곳으로 기억하는 이가 많은 것은 어쩌면 당연하다. '포천 막걸리'는 전국적으로 고유명사가 되었고 포천 이동갈비 또한 명성이 만만치 않다. 두 가지 다 군대와 관련이 있다.

참새는 가지를 다투다가 / 떨어지고 / 나는 벌레도 정원에 가득히 노닐고 있네
막걸리야 / 너를 누가 만들었더냐 / 한잔으로 천 가지 근심을 / 잊어버리네

– 『연산군 일기』 1504년 1월

시대의 난봉꾼 연산군도 반했던 막걸리의 맛을 20대 갓 넘은 청춘들이 어찌 거부할 수 있을까. 더군다나 엄격한 내무 생활과 고단한 작업, 훈련 뒤에 혹은 외출, 외박으로 영내를 벗어나 마시게 되는 군 생활 중의 막걸리 맛을 쉬이 잊는 사람이 누가 있을까. 포천에서 군 생활을 한 사내들은 모두 포천 막걸리를 마셨다. 2001년 1월 '탁주의 공급구역 제한'을 규정한 주세법 5조 3항이 폐지되기 전까지 포천 막걸리는 포천에서만

마실 수 있었고 그 이전까지는 제대한 군인들의 추억으로만 전국에 퍼졌다.

포천 이동의 갈비가 처음 생겨난 때는 1960년대이다. 군대 간 아들을 면회하기 위해서는 그야말로 첩첩산중, 생의 고개를 넘는 듯한 긴 여행을 해야 했다. 당시 포천만 해도 오지 중의 오지였던 것이다. 귀한 아들에게 더 귀한 음식을 먹이고 싶은 부모 마음이야 애간장이 탈 노릇이고 당연히 갈비로 배 채우는 아들의 얼굴을 보는 것은 부모의 사랑이었다. 이동갈비가 더 유명해진 건 1980년대이다. 1976년에 포장도로가 생기고 교통이 원활해 지면서부터는 등산객과 관광객 들이 찾아오기 시작했다. 이동면 장암리에는 포천 이동갈비촌이 있고 백운계곡까지 이어지며 약 20여 곳의 갈비 전문 식당이 성업 중이다.

'더 큰 포천 더 큰 행복'의 방향은

군대의 추억이 많은 만큼 적지 않은 불편도 따랐다. 훈련 중 오발이나 교통사고 등도 주민들을 불안하게 하는 요소이지만 군부대 주둔으로 인한 고도 제한, 개발 제한 등의 문제도 많다. 포천은 1953년 휴전협정 이후 전쟁의 파고를 막아내는 방파제 역할을 충실히 해냈고 그에 따른 불편함도 감수했다. 군

산정호수 새벽 물안개를 박차는 몸짓으로 산정호수의 새들은 하루를 시작한다. 망봉산과 망우봉으로 둘러싸인 산정호수는 포천의 사계절 대표적인 명소이다.

사적 요충지로 분단의 짐을 지는 데 게을리하지 않은 만큼 평화의 시대를 기약하는 일도 게을리하지 않는다. 대립의 시대에 접경 지역은 늘 위태롭다. 언제 닥칠지 모르는 대립의 상대를 늘 경계해야 한다.

그러나 평화의 시대로 접어들면 어느 도시보다 활기차다. 어디라도 자유롭게 넘나드는 소통의 중심축이 된다. 삼국시대에는 쟁투의 장이었던 한반도의 중원 포천은 각 나라들의 전략적 요충지에 불과했지만 고려가 건국된 918년 이후 접경이 없었던 적어도 1,000년 동안 철원 지나 금강산, 살기 좋다는 원산과 함흥 그 위의 어디라도 드나드는 소통의 큰길 위에 포천이 있었음을 기억하면 '더 큰 포천 더 큰 행복'을 찾아가는 일이 그리 어려운 숙제는 아니다.

01

지동 산촌마을 천 년 은행나무
추억이란 고개를 넘어 천 년을 만나다

중학교 때 학생주임은 체육 선생님이었다. 전직 국가대표 럭비선수, 거기다가 주장이었다. 그의 빠따질은 학교뿐만 아니라 포천 읍내에서도 유명했는데 대퇴부와 허벅지 사이를 착착 감아도는 빠따의 향수를 간직한 졸업생들이 널려 있었기 때문이었다. 게으름을 천성으로 알았던 나는 대개 등교 시간의 마지노선 꼭 8시 40분을 넘겨야 학교 정문에 도착했고 한 주에 두세 번씩은 학생주임이 내리시는 사랑의 매를 거친 후에야 교실에 들어갔다.

학생주임과 나는 한동네 사람이었다. 가끔 인사를 드리면 어깨를 두드려 주시기도 했는데 그럴 때마다 우쭐해서 그와 한동네 산다는 걸 반 친구들에게 자랑꺼지 한 석이 있었으나 등굣길 지각생들을 후리는 그의 빠따질은 언제나 평등했다.

예외는 있었다. 나보다 분명 늦게 도착하는 일군(一群)의 무리였는데 한 줄로 늘어서 매 맞을 차례를 기다리는 우리 일행을, 그들은 가끔은 놀리기도 하면서 여유롭게 지나쳤다. 큰 소리로 인사만 하면 공포의 정문을 무사 통과하는 그 무리를 시샘하는 학생들이 많았다. 더군다나 학생주임이었던 빠따의 제왕은 이들만 도착하면 마치 안심이라도 되는 듯 자상한 체육 선생님으로 변신해서 심지어 덕담까지 건네는 것이었다.

"그 먼데서 오느라 수고 많았다", "화장실 먼저 가서 세수하고 수업받아라."

대견함이 철철 넘치는 어투를 구사하던 선생님은 내 차례가 되면 다시 학생주임이 되어 빠따질을 더 매섭게 후려쳤다.

"네 시간을 뛰어오는 친구들도 있는데 너 이놈은 20분 거리에 살면서 맨날 늦어?"

그야말로 산 넘고 물 건너서 새벽같이 학교로 출발하는 친구들이라고 했다. 청산(靑山) 어디쯤이라고 했던가. 창수면에 살던 애들은 버스를 타고 다녔으니 이 친구들 동네는 버스도 안 다녔던 것이다. 포천에서 나고 자란 내 머릿속의 지도에도 존재하지 않았던 그 산골짜기 마을의 친구들은 어떻게 살고 있을까.

한내 사거리에서 방향을 틀어 물어고개를 넘는다. 포천의 주산인 왕방산(737m)과 원수봉(405m) 사이를 가르는 87번 국도다. 높지 않은 고개라고 얕잡아 보면 섭섭하다. 포천 읍내에서 자근자근 오르막길이 굽이굽이 족히 10리는 넘는다. 길을 묻고 또 묻는다고 해서 고개 이름이 정해졌다는데 대부분 동네 사람들은 '무릎 고개'라고 불렀다. 고개가 가팔라서 무릎으로 기어 넘는다는 뜻이다. 내가 초등학교 축구부 시절에는 뜀박질 훈련 코스였다. 추억은 여전하나 생각하면 무릎이 시큰해진다. 물어서 가든 무릎으로 가든 고갯길은 넘으라고 만든 사람의 길. 아마도 십중팔구 당신은 차를 타고 넘을 것이다.

왕방산의 위용은 마을 이름에서도 드러난다. 심곡리(깊이 울), 계류리(계곡물이 흐르는 동네). 왕방산에서 흘러온 물줄기는 원수봉과 이웃한 덕령산을 넘지 않는다. 산과 산 사이의 실개천이 되어 창수면을 지나 인근 영평천으로 합류하고 고즈넉한 산수를 닮은 소박한 사람들은 정감 있는 이름들을 서로 부르며 살아간다. 다시 청산로와 교차하는 지점에서 연천 쪽으로 방향을 틀면 거기서부터는 열 두 개울이다. 정식 지명은 아니지만 다들 그렇게 부른다. 왕방산의 지류가 거기까지 내려와 깊은 계곡을 만들고 흐르는 물들은 저마다 푸르고 시리다.

가랑비나 서설(瑞雪)이 흩뿌리는 날 그곳을 지난다면 특히 조심해야 한다. 가랑비를 몰고 온 안개가 골짜기에 스며들어 구름을 만들거나 겨울바람을 타고 온 눈 알갱이들이 떼로 몰려들어 온 산을 덮으면 검은산은 푸른물줄기를 채색하는 하얀 물감이 되어 당신을 맞이할 것이다. 찰라의 몽유(夢遊)에 취한 당신의 시선은 아마도 갈월리나 삼정리 언덕쯤에서 넋을 놓은 듯 운전대를 놓칠 수도 있다. 초행길의 당신이 그러한데 40년 묵은 기억을 찾아내며 가는 나는 어떻겠는가.

"이 길을 걸어서 다녔다고? 이 험하고 먼 길을?" 거리를 확인해 보면 포천 읍내에서 15km 근 40여 리 길이다. 어른 걸음으로도 4시간은 족히 걸리는 먼 거리, 산술적으로는 새벽 네시 반엔 출발해야 아홉 시쯤 학교에 겨우 닿는, 학교 종례가 끝나자마자 부리나케 달려도 캄캄한 밤에나 도착하는 고단한 등하굣길을 삼 년씩이나 군소리 없이 다녔던 열다섯 소년들의 뜀박질이 가슴을 두드린다. 학교 시절 내가 이 친구들을 부러워해서는 안 되는 일이었다는 사실도 새삼 되새긴다.

산허리부터 봉우리까지 넘나들기를 반복하는 운무(雲霧)의 행렬은 깊은 골에 들어 잠시 쉬었다가 안개로 다시 피어나고 이 순간을 눈에 담는 행운을 당신이 누렸다면 이곳 마을 사람들에게 감사해야 할 일이다. 느리다 탓하지 않고 나무와 바람의 순리를 정성으로 살아온 사람들의 긴 역사가 이 풍광을 만들었다고 믿어도 괜찮다.

아직도 이 동네를 '청산'이라 부르는 사람들이 많다. 일제강점기 이후 오랫동안 포천군 청산면이었다가 청산이란 이름이 연천군으로 넘어가고 이 동네의 네 개 리(里)인 갈월리, 삼정리, 덕둔리, 금동리가 포천군 신북면으로 병합됐다. 1983년 2월의 이야기니까 아주 오래전 일이지만 그보다 더 오래된 기억을 갖고 있는 사람들은 청산이란 말이 더 정겹다. 나도 그렇다.

그리운 것들을 곁에 두고도 그리워하지 못했던 시간들

금동리는 초입에 들어서면서부터 잣나무의 송진 냄새에 취하는 듯하다. 서북쪽으로는 소요산이, 서남쪽은 왕방산이 마을을 에워싸는 작은 분지인데 그 일대의 모든 산은 거의 잣나무 숲이라고 해도 무방하다. 가평과 홍천에 버금가는 남한 내의 잣 생산지로 그 넓이가 무려 170만 평이나 된다. 이곳 사람들 대부분은 가을이면 잣 따서 아이들 학교 보냈고 잣 까서 궁벽한 시절을 넘겼다. 다른 마을 밥 굶을 때 이 마을은 잣 때문에 쌀밥 먹었다고 하니 그 규모를 짐작할 수 있다. 1970년대 초반 새마을운동이 한창이던 시절 포천의 각 동네마다는 사방공

지동 산촌마을 은행나무 양평 용문사 은행나무에 이어 우리나라에서 두 번째로 나이가 많다. 그동안 왜란에 호란에 심지어 동란까지도 겪었다. 나무는 뿌리의 온기로 천 년의 겨울을 살았다. 다행히 천 년 은행나무는 외롭지 않다. 맞은편 개울 옆에는 850년, 그 아래에는 650년, 500년 된 동생 나무들이 함께 산다.

사(沙防工事)가 한창이었는데 대부분의 민둥산에는 잣나무를 심었었다. 내가 취학 전이었던 시절 동네 어른들 틈 속에서 심었던 잣나무 묘목은 벌써 수령 50년쯤 되는 성목(成木)이 되었다. 금동리 일대가 국내 잣나무의 최초 식재지로 알려져 있으니 아마도 포천 잣나무의 원조 또한 금동리가 맞을 듯하다.

드디어 천 년의 시간을 만나다

숲이 흔들려야 바람이 부는 줄 알았던 시간들이었다. 꽃이 사라진 뒤에야 계절이 갔다는 것을 알았던 시간도 있었다. 다가올 일들을 지레 걱정하는 것처럼 어리석은 일은 없겠으나 그리운 것들을 곁에 두고도 그리워하지 못하는 시간들은 더 어리석었다. 지동 산촌마을의 천 년 은행나무를 만나면 제일 먼저 할 일은 조용히 눈을 감아 보는 것이다. 나무의 나이테를 상상하며 천 년의 시간을 느껴보는 것이다. 그러나 나무가 겪어온 풍상(風霜)에 비할 바 못 되게 짧은 내 삶의 궤적을 훑어보면 그저 미처 누리지 못했던 내 곁의 그리운 것들 몇 가지를 떠올려보는 것만으로도 어리석음은 면할 수 있겠다.

은행나무가 드리워 주는 그늘에 앉아 시집을 펼치고 싶었으나 보는 눈들이 많아 그러질 못했다. 다만 조용히 다가가 나무의 거친 살결에 손을 대었다. 나의 남은 온기를 나무에게 전하고 싶었고 실은 나무의 위로를 가슴에 담고 싶었다.

강아지를 만지고 손을 씻다가 문득 놀라 먼저 손을 씻고 강아지를 만져야겠다는 반성문을 썼던 어느 시인의 간결한 고백을 떠올린다. 나부터 정갈해야 했다. 나무에 닿아 손 내밀기 전엔 가을바람에 살을 씻고 가을 햇살엔 눈을 씻었다. 그래야 천 년을 자라고 있는 나뭇가지의 무성함과 그만큼 무성하게 뻗어 있을 튼실한 뿌리의 떨림을 자각하게 될 테니까. 새 한 마리 날아와 나뭇가지에 앉을 때는 은행잎을 한두 개씩 떨구더니 한바탕 바람에 흔들리면서는 한 무리의 새 떼처럼 바람의 방향에 따라 노란 은행잎들이 흩날린다. 문득 떨어지는 이파리의 개수를 세고 싶었으나 부질없는 일이다. 은행잎이 감추어둔 회한을 어찌 감당할 것인가.

당신이 만약 이 계절에 이곳에 온다면 막 떨어지는 나뭇잎을 손 내밀어 잡았으면 좋겠다. 나뭇잎의 한 생을 생각하며 당신이 그리워하는 모든 것들을 그것에 담아 혹시 책이 있다면 그 안에 살짝 끼워 두면 좋겠고 당신의 가슴속에 빈 공간이 있다면 거기에 담아두면 더 좋다. 켜켜이 쌓인 은행잎을 밟으며 어슬렁거리면 까맣게 쪼그라든 은행들이 마치 해변의 작은 몽돌처럼 펼쳐져 있다. 밟으면 신기하게도 냄새가 안 난다. 기실 은행의 똥 냄새는 인간이 만든 것이다. 가을바람 맞은 풀

숲이거나 메뚜기 폴짝대는 잔디밭이거나 냇물 졸졸 흐르는 도랑가에만 떨어졌다 해도 그런 냄새를 풍기지 않았을 터이지만 썩을 수 없어 돌아갈 고향도 잃어버리게 만든 시멘트 바닥을 깔아 놓은 건 인간이다.

설령 은행의 똥 냄새가 아무리 지독하다 한들 바닥을 아니 도시 전체를 온갖 콘크리트로 도배해 놓고 경제성장 축제(economic growth festival)를 벌이기에만 여념이 없는 인간들의 욕망의 냄새에 비할 수 있을까. 고작 똥 냄새가 싫어서 수령 50~60년 된 나무를 그것도 은행이 열리는 암놈만 베어 내는 도시가 있다는 소식을 지난가을에 들었고 내내 우울했었다. 다시 천 년 은행나무 아래서 까만 은행 알맹이를 세어 보면서 생각한다.

'인간에게도 뿌리가 있었다면 얼마나 좋았을까'

지동 산촌 마을의 천 년 은행나무는 우리나라에서 두 번째로 나이가 많다. 첫 번째 나무는 잘 알려진 바 양평 용문사에 있다. 전국에 은행나무가 몇 그루쯤 되는지는 알 수 없으나 그중에 두 번째이니 당신이나 나나 감히 명함을 내밀지도 못할 공력이다. 경기도는 1982년 정자목 보호수로 지정했다. 나무는 자신이 천 년 동안 마을을 보호했다고 여길 것이다. 그동안 왜

란에 호란에 심지어 동란까지도 겪었다. 연두 잎은 천 년 동안 한 해도 쉬지 않고 돋아났고 낙엽은 천 년 동안 쉬지 않고 떨어졌다. 달밤이면 정한수 떠놓고 그 앞에서 소원을 빌었던 여인네의 기도가 몇 그릇일 것이며 그 앞에서 생의 한을 쏟아부은 사람의 눈물이 몇 말이 것인가. 그 긴 세월을 오롯이 견디면서도 나무는 단 한 발자국도 옮기지 않았다. 다행히 천 년 은행나무는 외롭지 않다. 맞은편 개울 옆에는 850년, 그 아래에는 650년, 500년 된 동생 나무들이 함께 산다.

당신이 가을 한철 은행나무 아래를 배회한다면 내가 못했던 시집 한 권 펼쳐 들고 조용히 암송해 보길 바란다. 낙엽이 흩날리는 순간에는 이형기의 「낙화」도 좋고 안도현의 「가을엽서」도 좋다. 그곳에서 겨울을 기다릴 수 있다면 정호승의 「또 기다리는 편지」를 읊거나 나무의 외로움에 당신을 반추하고 싶다면 「수선화에게」를 읊어도 좋다. 암송이 끝날 때 즈음엔 순박한 웃음을 띤 마을 사람 한 분이 슬며시 막대 커피 한잔을 건넬지도 모른다. 혹은 나무보다 한참 어렸던 청년 태조 이성계가 그 나무 아래서 먹었다는 잣죽을 내어줄지도 모른다.

지동 산촌마을은 지금도 변신 중이다. 잣나무 숲속 산책길과 각종 농촌 체험 프로그램은 이미 자리를 잡았고 숙박도 가능하다. 당신이 오신다면 대뜸 잣 까는 일부터 부탁할지도 모

른다. 송진의 진득진득한 맛을 알면 잣 한 알갱이가 더 귀해진
나. 물론 잣을 따오라는 부탁은 절대 안 할 것이다. 잣나무 오
르는 일은 마을 사람들도 못하는 고된 노동이다. 근처에는 캠
핑장과 펜션이 많다. 노란 은행잎이 절정인 가을에는 사진 콘
테스트도 연다. 마을에 있는 네 그루의 은행나무를 잇는 마을
산책길을 구상하고 있다. 잣나무 숲길과 연결하면 더없이 좋
은 '천년 순례길'이 된다.

•••• 당신이 이 길을 걸을 때는 길섶의 풀 한 포기, 꽃 한 송이
를 더 많이 바라봐 줄 일입니다. 갑자기 꿩 한 쌍이 푸드득 날아
간다면 놀라지는 않았으면 좋겠습니다. 꿩 부부는 당신보다 더
많이 놀랐을 거니까요. 혹시 풀숲에 어울리는 작은 찻집을 아주
적당한 거리에서 만난다면 천 년 나무가 들려주는 속삭임을 듣게
될 것입니다. "천천히 가자 어차피 먼 길이다."

그 소리를 놓치지 마십시오.

┈┈ 더 보기 : ┈┈┈┈┈┈┈┈┈┈┈┈┈┈┈┈┈┈┈┈┈┈┈┈┈┈┈┈┈
하늘 아래 치유의 숲 · 포천 허브아일랜드 · 나남수목원

하늘 아래 치유의 숲 : 산림 치유시설

산림청에서 운영하는 포천 신북면에 있는 산림 치유시설이다. 열두개울의 끄트머리 금동리에 52ha 규모로 조성되었고 2018년 4월에 개장했다. 50~70년 수령의 잣나무 숲 사이로 치유의 숲 5km, 숲속의 집이 네 개소가 있고 스트레스 예방 관리를 위한 치유의 숲 체험 프로그램을 운영하고 있다.

포천 허브아일랜드 : 포천의 랜드마크

사계절 허브로 행복을 만드는 공간이다. 1997년 신북면 삼정리 일대 13만 평을 일구어 개장했고 허브식물박물관, 산속정원, 산타마을 등의 30여 가지 관광, 편의 시설이 있다. 입구에서 마차를 타고 올라가면 허브향 가득한 언덕 위로 아이들의 동심을 부르는 종소리가 은은하다. 매년 다양한 축제를 진행하는데 포천을 소개하는 각종 TV 프로그램의 단골 소개지로 포천의 랜드마크가 되었다.

나남수목원: 숲과 책을 함께 즐긴다

신북면 갈월리 일대 20만 평의 임야를 다듬어 나남출판사의 조성호 대표가 조성해 낸 은은한 공간이다. 약 1만 평 규모의 자작나무 숲, 상수리나무 군락지가 있고 책 박물관에는 나남이 40여 년간 출판한 책들이 빼곡하다. '백제금동대향로(실물대 복제품)'와 황지우 시인의 조각 〈멀어지는 다도해〉 등 예술 작품도 다수 전시되어 있다.

02

한탄강 하늘다리
짜릿하러 가자, 일상의 명령이다!

거길 가면 안 되는 거였다. 가긴 갔어도 저 다리 위에 발을 딛으면 안 되는 거였다. 대놓고 흔드는 것도 아니고 살짝 아주 살짝씩 흔들리는 다리를 건너면서 내 몸은 이미 수천 배나 더 흔들리고 있었다. 맞은편에서 건너오는 여인네들은 겁도 나지 않는지 깔깔 웃기도 하고 심지어는 난간에 기대 사진도 찍는다. 나는 후들거리는 몸을 들키지 않으려 짐짓 멀쩡한 듯 걸음을 옮겼으나 힐끗힐끗 쳐다보는 눈초리가 '저 남자 왜 저래?'였다는 건 금세 눈치챌 수 있었다. 지독한 영혼의 추락이었다.

하늘다리. 남들은 절세 절경이니 한국의 그랜드캐넌이니 하는데 나는 그저 아득하기만 할 뿐이다. 다리 아래를 내려다

보기 무섭게 오금이 저리고 심장이 쫄깃해진다. 더디 가는 나를 추월한 자들은 아주 새파랗게 젊은이들이었다. 그것도 다섯이 떼로 다리를 흔들며 뛰어갔다. 걸음을 옮길 수 없을 만큼의 공포를 숨기고 있던 나는 키득대는 그들의 뒤통수에 대고 급기야 "아이코, 얘들아, 제발제발" 소리를 입 밖으로 내었다. 그보다 더한 수십 가지의 하소연은 웅얼거리기만 했다. 다행히 그들은 듣지 못했다. 협곡으로부터 높이 50m라는 숫자가 사람을 이렇게 초라하게 만들다니.

티끌 하나 보이지 않는 파란 하늘과 27만 년의 세월을 품은 바람, 울긋불긋한 나무들을 받들고 있는 검은 현무암의 자태는 고사하고 바람 소리와 어우러져 상쾌하기 이를 데 없는 여울의 물소리도 듣지 못했으니 얼마나 억울한가. 다리를 건넜다가 겨우 돌아온 순간 내가 다시 뱉은 말은 "사람들 진짜 독하게 산다!"였다. 그런데 주위에 나와 같은 표정을 가진 사람은 하나도 없다. 모두들 희희낙락.

하늘다리 위의 공포는 나만의 것

한탄강 하늘다리는 2018년 5월 13일에 개통했다. 영북면 대회산리와 관인면 중리를 잇는 사장교(斜張橋)다. 길이 200m, 폭은 2m, 다리 중간에 한탄강의 속 물결을 공중에서도 볼 수 있는 투명 강화유리 세 개가 있다. 무릎 꿇고 고개 숙여 한참을 들여다보는 이들도 많다. 80kg의 몸집을 지닌 사람이 한꺼번에 1,500명 올라가도 끄떡없이 설계됐고 초속 40km의 강풍도 문제없다. 개장하는 당일에만 2만 명이, 개장 한 달 만에 25만 명이나 다녀갔다. 지금까지의 누적 방문객 수는 잘 모른다. 굳이 헤아리지 않아도 된다. 무료이기 때문이다.

한탄강 협곡을 가로지르는 유일한 다리로 알려져 있으니 협곡을 조망하기에 여기보다 더 좋은 곳을 찾기 어렵다. 협곡에서 불어오는 바람이 때로는 거세기도 해서 타 지역의 출렁다리보다는 조금 덜 흔들리게 만들었다. 아무런 장애시설이 없으니 유모차나 휠체어로 이동하는 것도 자유롭다. 돌잡이 아이부터 거동이 불편한 부모님들까지 경쾌하게 트인 천혜의 자연을 선물할 수 있는 최적지이다.

다리 위에는 별과 별과 별

저 하늘다리에 가장 어울리는 풍경이 은하수일 거라고 생각했다. 산과 산 사이를 가르는 은하수가 마을로 내려오다 하늘다리 위에 걸쳐 있는 상상을 했다. 온갖 문의와 학습을 거쳐 내가 도착한 날엔 구름도 한 점 없었고 그믐을 갓 지나 달빛도 없을 예정이었다. 추석을 지났으니 은하수도 끝물이다. 오늘을 놓치면 이듬해 봄을 기약해야 한다. 은하수는 보통 4월에서 10월까지 모습을 드러낸다. 나름 비장한 각오로 나의 계획을 설명하고 시청 담당자의 허가를 받아놓은 상태. 널찍한 하늘다리 주차장에도 어둠이 내리고 간이 상점들의 불도 꺼진다. 그리곤 별이 뜨기 시작한다. 드디어 은하수가 나에게로 온다니.

잘 닦아 놓은 산책 코스의 나무 데크 아래로 군데군데 진흙더미가 쌓여 있다. 지난 장마에 여기까지 물이 찼던 흔적이다. 강변의 모래톱에 카메라를 내렸다. 다리 위에서 내려다보는 협곡도 장관이지만 한탄강 물결을 옆에 두고 올려다보는 하늘다리 또한 예술이다. 어둠으로 치장한 암벽의 흑(黑)과 그 사이의 백(白), 그리고 빛 하나 없는 하늘로 이어지는 흑과 거기에 빼곡히 들어서는 별들이 다시 백. 나는 벌써 한 장의 작품 사진을 얻은 듯 설렌다. 야간 촬영의 최대 난적이 광해(光害)라는 것쯤은 미리 알았다.

한반도의 남쪽에서 선명한 은하수 사진을 얻을 만한 장소가 귀하다는 것도 알고 있었다. 그래도 한탄강인데 휴전선 바로 아랫동네인데 설마 광해가 심할까 싶었다. 그러나 장비를 설치하고 카메라 셔터를 누르면서 나의 낙관이 지극히 오산이었다는 것을 확인해 간다. 별들은 자리를 알아보지 못할

하늘다리에서 밤 촬영 한탄강 하늘다리는 2018년 5월 13일에 개통했다. 그간 별보다 많은 사람들이 다녀갔다. 저 하늘이 바다라면 풍덩 뛰어들어 별이 되었을 텐데… 출렁거리는 다리 위에서 별이 춤춘다.

만큼 촘촘한데 정작 은하수는 보이지 않는다. 가까스로 마련한 휴대폰의 은하수 앱을 켜고 하늘을 비추면 거기엔 선명하게 표시된 은하수가 막상 사진에는 희미하기만 하다. 지도에는 분명히 존재하지만 사라진 것들이 얼마나 많은가.

"나무는 꽃을 버려야 열매를 맺고 강물은 강을 버려야 바다로 간다(樹木等到花 謝才能結果 江水流到舍 江才能入海)"는 게송(偈頌, 부처님의 공덕을 기리는 짧은 노래)을 부르며 잠시 생성과 소멸의 이치를 생각하다가 "나는 사라진다 저 광활한 우주 속으로", 마흔 셋의 짧은 생을 불꽃같이 살았던 박정만의 종시(終詩)를 읊으면서는 눈앞에 펼쳐져 있는 별들의 향연 속에 은하수가 나타나기를 기도해 보는 것이다.

허나 사라지는 것에 몰입했던 그즈음. 사라졌던 것들이 다시 나타나는 듯한 착각이 일어난다. 아뿔사. 어떻게 그 짧은 순간에 하얀 것은 소복이요 검은 것은 저승사자로 보일 수 있을까. 이후 들리는 모든 것들이 귀곡성(鬼哭聲)이고 보이는 것들은 모두 공포영화의 주인공들이었다. 밤을 새워서라도 사진을 찍겠다던 호기는 어디론가 사라지고 이게 무슨 개고생인가 싶을수록 몸은 더 오슬오슬 떨렸다. 하늘다리 위에서의 공포는 공포 축에도 들지 못했다. 누군가에게 전화를 걸어 두려움을 떨치고 싶었으나 그 소리를 들은 귀신이 또 쫓아 올까

봐 숨소리도 조절해야 했다. 찬송가를 불렀다. "예수 사랑하심은⋯⋯." 마음이 조금 진정되는 듯했으나 "저 천국에 올라가"를 읊조리는 순간 또 아차했다.

모든 것이 완벽한 조건이었다.

내 머리 위는 하늘로 가는 다리였고 그 위에는 별천지에 은하수가 기다리는 천국이었다. '그것만은 하지 말자 그것만은 하지 말자. 천국이 아무리 좋다지만 지금은 때가 아니다'를 되뇌이다 결국 찬송은 거두고 은하수에 집중하기로 한다. 카시오페이아로부터 별들의 동선을 따라 어디쯤이 견우와 직녀성일 텐데 했다가 다시 그들은 또 귀신 아닌가로 돌아가기를 반복, 아까 낮에 다리 위에서 만난 청년들이 그리워졌다. 누구라도 그치들처럼 다리 위를 뛰어 건넌다면 쫓아가 안아 주기라도 하고 싶었다. 저녁도 건너뛰었다는 사실을 알아챈 건 장비를 철수하고 집으로 돌아오는 자정이 다 되어서였다.

•••• 일 년에 한 번쯤 '하늘다리가 은하수를 만나는 날'을 지정하면 좋겠습니다. 하늘다리를 조망하기 좋은 장소에 안전 지역을 설정하고 신청자를 미리 받아 밤새도록 사진을 찍는 것입니다. 광해(光害)가 들어오는 인근 중리나 영평의 주민들께는 미리 양해를 구해 가로등만 꺼놔도 좋을 듯합니다. 상상만 해도 짜릿합니다.

03

비둘기낭 폭포
환상의 공간에 마음을 담고

늦은 저녁을 먹으며 드라마를 보다가 갑자기 눈을 크게 뜨고 숟가락질을 멈출 때가 있다. 눈에 익숙한 장소가 나올 때. 역시 경험해 본 사람만 안다. 내가 갔을 때는 저렇지 않았는데 참 잘 찍었네 할 때도 있고 훨씬 더 멋있는 곳인데 왜 화면이 이 모양일까 할 때도 있다. 눈에 밟혀 다시 가 보고 싶은데 시간 핑계로 못 가는 곳이라면 등장인물의 행위도 꽤 중요하다. 동행인과의 애틋한 기억이 있는 장소에서 도둑질이나 싸움질 하는 장면이 나온다면 괜히 내 기억도 도둑질당하는 것 같아 언짢고 아슬아슬 짜릿한 기억이 있는 곳에서 뜨끈한 연애 장면이 나오면 내 가슴도 쿵닥거리는 것이다.

"엇? 저기봐 봐. 나왔다. 저 냥반들 아주 달달 하구만." 바보 온달이 살수(殺手)로 변한 평강을 만나 은근슬쩍 마음 떠보는 장면이 나올 때였다. 독특한 바위가 있는 물가에 모닥불을 피우고 새를 꿴 꼬치를 빙빙 돌리며 흘리는 온달이의 웃음이 오래전 꼭 내가 그대를 처음 만난 날 감출 수 없는 두근거림에 실실 웃었던 그 모습과 꼭 닮아 있는 것이다. 드라마 〈달이 뜨는강〉(KBS2, 2021)을 보고 있을 때였다.

"저기가 그때 얘기했잖아. 비둘기낭, 비둘기낭 폭포라니까." 단 몇 초만에 지나친다 해도 금방 알아볼 만큼 선명한 기억인데 고맙게도 주인공들은 꽤 오랜 시간 물가에 앉아 밀당을 주고받는다. 밥 먹을 생각은 까맣게 잊고 벌써 텔레비전 속에 들어가 해설 삼매경에 빠진 나를 희한하다는 듯 바라봐 주는 눈이 있어 좋다. "그만 밥 좀 드시지요? 어디 안 가본 사람 서러워서 살겠나요." 한마디 거들어 주는 그대의 살가운 웃음에 더 신이 나서 아예 강의 모드로 전환한다.

은밀한 에머랄드빛 향수

"저 물빛 봐라. 물 색깔이 수시로 변하는데 지금은 완전히 옥빛이잖아. 저 색깔은 햇살이 한창 물 위에 쏟아질 때 나오는 색깔이거든. 비둘기낭은 계곡의 요새처럼 깊숙한 곳에 있어

비둘기낭 폭포 포천시 영북면 대회산리에 있는 천연기념물 제537호. 포천 한탄강 현무암 주상절리 협곡에 형성된 폭포이다. 약 27만 년 전 용암이 흘러 만들어진 지형이다. 폭포 뒤에 있는 동굴에 백비둘기 수백 마리가 둥지를 틀었다 하여 비둘기'낭' 폭포라고 부른다.

서 볕이 직사광선으로 내리쬐는 시간이 많지 않아요. 그러니까 저 빛깔은 오후 두 시쯤 찍은 거 같다. 그 시간의 빛깔이네. 물이 더 많았으면 훨씬 멋있을 건데 폭포가 시원치 않은 걸 보니 늦가을에 촬영을 시작했겠구나." 밥알이 튀지 않은 게 다행이라는 걸 생각해 낼 즈음 나는 강의가 아니라 혼잣말을 중얼거리고 있다는 것도 눈치채고 만다.

"이제 정말로 식사 좀 하시지. 그 장면도 한참 전에 지나갔는데."

딸아이의 퉁명스러운 말 한마디에 현무암 주상절리 같은 단어들은 입 밖에 내지도 못하고 다시 혼자 중얼중얼. 치사하다. 아부지 말 한마디만 더 들어주면 어디가 덧나냐?

비둘기 낭은 은밀한 곳이다. 은밀한 곳이야 사랑하는 이를 바래다주는 심야의 골목길이 최고지만 초행이라면 안내 없이는 절대로 발견할 수 없을 만큼 주변의 숲과 나무에 가려져 있어 드라마나 영화의 은밀한 장면을 찍기에는 더없이 좋다. 바보 온달이는 평강에 대한 호감을 외면하는 시선으로 표현하지만 아예 대놓고 뽀뽀를 한 부러운 커플도 있다. 옥빛 물속에 풍덩 들어가 옷이 흠뻑 젖은 채로 달착지근한 키스를 하는 재열과 지수의 극 중 장면은 그해 미국에서 열린 '제3회 드라마 피버 어워즈(The 3rd Drama Fever Awards)'에서 베스트 키스신

비둘기낭 폭포 아래 계곡 20여 년 전에는 이 일대에 박쥐가 살기도 하였는데, 지금은 없어졌다. 폭포와 그 아래 계곡의 특이한 풍경이 아름다워 〈선덕여왕〉, 〈추노〉, 〈무사 백동수〉 같은 사극의 무대가 되기도 했다.

상을 받았다(〈괜찮아. 사랑이야〉, SBS, 2014). 이곳은 비둘기들의 은둔 장소이기도 했다.

비둘기들의 생존 터이자 사극의 단골 촬영지

불무산과 대회산천 주변의 물줄기들이 모여 흐르다 절벽을 만나 폭포로 떨어지고 다시 물줄기는 현무암 협곡의 엄호를 받으며 여울이 되어 한탄강 본류로 흐른다. 폭포 옆으로 움푹한 하식동굴(하천이 돌을 깎아내 형성된 동굴)은 한탄강에서 규모가 가장 큰데 포졸들의 육모 방망이를 재단해 장식해 놓은 듯한 주상절리가 바닥을 향해 매달려 있고 햇볕이 닿지 않는 그곳에 앉으면 못 속으로 떨어지는 햇살의 눈부신 빛깔에 황홀하다. 비둘기들은 참 좋았겠다.

이곳은 비둘기들의 생존 터이자 사랑 터였다. 이름도 비둘기 둥지와 같다고 해서 비둘기'낭'이다. 이곳에서 자신이 사랑한 추노꾼 대길이에게 쫓기던 언년이는 자신을 사랑하는 무사 태하에게 상처를 내보였고(〈추노〉, KBS, 2010), 천명공주는 선덕 대신 활을 맞았다(〈선덕여왕〉, MBC, 2009). 청나라 군사에게 쫓기던 신궁 남이가 마른 목을 축이며 한숨 돌리던 곳도 여기고(〈최종병기 활〉, 김한민 감독, 2011), 죽은 사람도 살린다는 생사초를 찾아 헤매던 의녀 서비가 약초를 캐던 엉골도 여기다(《킹덤》, 넷플릭스, 2019). 천 년을 거슬러 올라가면 슬픈 도망자의 은신처가 되기도 하고 한국전쟁 때는 마을 사람들이 폭격을 피해 모였던 피난처도, 내 또래의 아이들에겐 신나는 물놀이터이기도 했다.

•••• 은밀해서 연애하기도 은밀해서 숨어 있기도 참 좋은 여기는 적어도 15만 년, 많게는 50만 년이나 되는 현무암의 기품이 넘쳐나는 곳. 영화나 드라마 몇 편 때문에 유명해져서 사람들이 몰려온다는 말은 삼가해 주셨으면 합니다. 기나긴 세월이 겹겹이 쌓아놓은 주상절리에 대한 예의가 아니기 때문입니다. 대신 각목처럼 길죽하고 빼곡하게 늘어놓은 바위의 아름다운 연대(連帶) 앞에 서면 한 번쯤은 숲이 되지 못하고 홀로 선 나무가 되어 외롭고 낯설게만 사는 우리를 반성해 봐도 좋습니다.

비둘기낭의 깊은 연륜을 생각하면 방문객의 어지간한 재담은 다 들어줄 듯하니 당신만이 상상할 수 있는 스토리 하나쯤 장만해 가는 것도 좋겠습니다. 연애도 해보고 은둔도 해보는 것입니다. 지극히 남사스러운 장면만 상상하지 않는다면 영화라고 해서 감독만 찍으라는 법은 없지 않습니까. 비둘기낭 폭포는 2012년 9월25일 천연기념물 제537호로 지정됐습니다. 겨울엔 폭포수가 흐르지 않고 갈수기에도 떨어지지 않지만 그렇다고 가지 않을 이유는 없습니다. 비둘기낭의 물빛은 사실 언제나 옥색입니다. 아슴푸레하게 푸르른 날이 그리워진다면 이곳에 갈 일입니다. 한탄강 지질공원 주차장에서 내려 고작 5분이면 만나는 환상의 공간을 굳이 마다할 필요는 없습니다.

04

포천 한탄강 꽃정원
칼의 반대말은 방패가 아니다, 꽃이다

꽃이 주는 평화가 그리워질 시점이었다. 대부분의 시간을 칼의 날카로움에 맞추어 살았다. 단칼에 무 베듯 결정은 선명하게, 모든 약속 시간은 칼같이, 하다못해 바지 주름까지 칼처럼. 모든 일상이 똑 부러져야 사람 구실 제대로 하는 것처럼 여겼었다. 그러다가 누군가의 칼에 베었거나 부러진 적도 몇 번 있었다. 상처를 회복하는 데는 아주 오랜 시간이 걸렸고 아직 덜 아문 곳도 있다. 누군가에게는 칼을 내밀었다가 누군가로부터 오는 칼을 막기 위해서는 또 다른 무기인 방패를 들어야 했다. 평화를 지향한다고 했지만 결국 내가 대응했던 모든 방식은 다툼과 갈등 속이었고 폭력의 범주를 벗어나지 못했

한탄강 세계지질공원 1990년대 중반 유럽에서 지질학적 중요성을 가진 지역의 가치를 보존하고 증대하고자 '지질공원'이란 개념이 생겨났다. 제주도가 2010년 유네스코로부터 국내 최초로 세계지질공원으로 인증받았다. 2020년 인증받은 한탄강 세계지질공원은 강을 중심으로 형성된 지질공원으로 북한의 강원도 평강군에서 발원한 한탄강과 그 하류에 위치한 임진강 합수부를 포함하고 있다.

다. 꽃을 준비했어야 했다. 나에게로 향한 칼끝에 꽃 한 다발을 얹어 주며 외쳤어야 했다.

"이 패랭이꽃 같은 놈아. 꽃향기나 실컷 먹고 떨어져라!"

당장 칼을 든 손을 피할 수는 없었겠으나 칼을 겨눈 이의 가슴에 꽃향기는 가득히 뿌려 놓았으니 내가 받은 상처에서도 향기는 났을 것이다. 대한민국 헌법 1조 1항의 구절은 다음과 같다. "대한민국은 민주공화국이다." 그러나 인간의 역사에서 최상의 가치를 부여받는 민주주의마저 권력을 쟁취(爭取)하는 세력들의 몫이니 다툼이 없는 상태의 평화는 얼마나 요원한가. 한때 이런 법을 정하면 어떨까를 상상한 적이 있었다. 대한민국 헌법 특조 "모든 싸움은 꽃으로만 가능하다. 꽃을 준비하지 못했다면 어떤 싸움도 불가하다."

6월의 유채밭을 상상만 해도

포천시 관인면 중리 526−1번지. 이곳은 수몰지구. 2016년 11월 착공 10년 만에 완공된 한탄강 댐(포천 창수면 신흥리와 연천군 고문리를 잇는 높이 83.8m, 길이 694m, 총 저수량 2억 7천만t 규모, 콘크리트 중력 댐)이 수문을 닫으면 물에 잠기는 곳이다. 장마철 북한의 황강댐 무단 방류로 인한 임진강 유역의 홍수에 대비하기 위해 정부는 1조 2,800억의 돈을 썼다. 남과

주상절리 표지 주상절리란 마그마가 냉각 응고함에 따라 부피가 수축하여 생기는, 다각형 기둥 모양의 지형. 27만 년의 세월을 품은 한탄강의 바람과 주상절리 현무암의 자태를 맞이할 수 있는 자격은 간단하다. 가벼운 옷차림과 든든한 신발이면 충분하다.

북이 친해지지는 못하더라도 소식이라도 끊지 않는 사이였다면 들어가지 않을 돈이니 결국 분단 비용의 일부라고 해도 무방하다.

　마을이 사라졌고 주민들도 떠났다. 한탄강 협곡의 절경 주상절리나 그곳에 둥지를 튼 수리부엉이, 수달, 고라니들은 장마철 수몰이 연중행사가 되었다. 장마가 지나고 물이 빠지면 이 일대는 다 뻘밭이 된다. 여기 살던 주민들은 비둘기낭 옆의 교동 장독대 마을로 이주했다. 전봇대 하나 없이 오직 남은 건 자연뿐이었다. 신기한 게 마을이 습지로 변하니까 습지에 어울리는 식물들이 꽃을 피웠다. 수풀이 무성해진 넓은 개활지에는 마을 사람들이 길을 내고 터를 닦아 꽃씨를 뿌렸다.

"여기가 한 30만 평쯤 되요. 그중에 3만 평 정도 지난 4월에 유채꽃씨를 가져다 뿌렸거든. 그런데 봐요. 이게 얼마나 아름다운가. 보통 제주도나 남쪽의 유채는 4월이면 다 져요. 우리 한탄강 유채는 6월 초가 제철이에요." 한탄강 꽃정원을 관리하는 마을 주민의 목소리에는 긍지가 가득하다.

대한민국의 꽃 지도는 대략 시기가 정해져 있다. 백련사 동백이 한겨울을 난다면 광양의 매화는 3월이고 이후 남도의 배꽃이 한창이었다가 쌍계사 벚꽃이 4월 초다. 그즈음 제주의 유채꽃이 기지개를 켜면 진달래는 지리산 능선을 타고 북상하다 태백산이나 설악산 어디쯤에서 철쭉으로 꽃길을 마감한다.

꽃 소식에 설레고 귀가 쫑긋해지는 것은 당연하다. 다만 꽃구경 가고 싶은 굴뚝 같은 마음을 바쁜 일상이라는 복병이 막고 있으니 그게 문제다. 그래서 꽃에 관한 기억은 언제나 아쉬움을 동반한다. 포천의 유채꽃은 6월이다. 4월이 아니다. 한반도의 마지막 유채다. 4월 제주의 바람을 타고 올라온 노란 꽃이 포천에 와서 절정을 맞는다.

꽃멍

지장산을 넘어가는 햇살을 등지고 걷는다. 이건 꽃밭이라고 부를 수 없다. 꽃 단지, 그것보다는 꽃 천지라고 해야 옳다. 한탄강 협곡을 지나는 바람이 꽃 천지를 덮치면 노랑 물결이 출렁인다. 몇 개쯤 되는지는 도저히 헤아릴 수 없는 꽃대를 헤치고 조심스럽게 몇 발자국 꽃 천지 속으로 발을 디밀면 나의 몰골도 그만 꽃이 되고 만다. 나비는 향기가 있는 꽃자리에 앉는데 나의 머리 위에도 앉는 것이다. 나비의 눈이 삐어서 앉을 자리를 잘못 찾은 거라고 놀리실 분이 있을지는 모르겠으나 그 또한 경우는 아닐 터이니 그냥 꽃이 되었다고 여기는 것이다.

나비들은 삼삼오오 짝을 지어 팔락거리는데 그 경쾌한 몸놀림에 탄성이 나오고 꽃밭을 가득 채우는 나비의 춤 또한 "아름답다"라는 말 외에 다른 찬사가 떠오르지 않을 지경이다. 유채 꽃밭의 꼭지점을 찾아 둘레를 산책하는 데에만 30여 분은 족히 걸리고 쉼터에 앉아 커피를 마시거나 흔들리는 꽃대에 마음을 맡기고 '꽃멍'을 즐길 수 있다면 한나절도 모자란다. 그러니 이곳에 오면 꽃이 사라졌다고 아쉬워할 이유가 없다. 꽃구경 한번 못해 보고 봄날이 갔다고 투덜댈 이유도 없다. 봄날의 끄트머리를 꽉 움켜쥐고 꽃향기에 취하면 그만이다.

한탄강 꽃정원 포천시 관인면 중리 526-1번지. 아슴푸레하게 푸르른 날이 그리워진다면 이 곳에 갈 일이다. '꽃멍' 하기에 더 없이 좋은 시간, 저녁 햇살은 나비들을 데리고 산등성이를 넘어간다. "모든 싸움은 꽃으로만 가능하다. 꽃을 준비하지 못했다면 어떤 싸움도 불가하다."

유채 천지가 3만 평이라면 수레국화(Centaurea cyanus)도 꼭 그만큼 심었다. 꽃술 안에 황제의 수레가 앉아 있어 수레국화다. 독일의 국화로 마리 앙투아네트가 사랑했던 꽃이다. 6월 중순까지 이 꽃밭을 유채의 노랑이 담당했다면 이후에는 수레국화가 뽐내는 파랑이다. 군데군데 꽃양귀비까지 피어 있어 파랑과 붉은 색깔의 어울림이 이채롭다.

어느 스님이 벗을 찾아 한 암자에 들렀다. 암자의 주인은 출타 중이었고 무료했던 스님은 마당에 그득한 잡풀들을 뽑기 시작했다. 하룻밤을 지나고 나서야 암자에 돌아온 주인에게 스님은 넋두리 삼아 자랑을 늘어놨다. "마당 손질 좀 하지 왜 이렇게 지저분해. 어제 기다리면서 내가 다 정리해놨어. 어때 근사하지?" 그 말을 들은 주인이 퉁명스럽게 받아쳤다. "저쪽 귀퉁이에 풀들이 제일 이뻤는데……."

그곳에 서면 꽃의 일부가 된다

유채꽃밭이 3만 평, 수레국화가 3만 평쯤 된다면 나머지는 죄다 풀들이다. 야생화다. 스님의 일화에 비유하자면 암자의 마당 가득히 돋아난 잡풀, 원래 이곳의 주인인 생명들이다. 규모가 24만 평쯤 된다. 가장 흔해서 더 아름다운 개망초꽃 무더기여서 흰색의 벌판이지만 군데군데 보라꽃, 분홍

꽃들도 피어 있다. 아마도 각시붓꽃이나 보라색 갈퀴나물꽃일 것이다. 원추리나 노루귀, 복수초가 남아 있을 수도 있다. 이 넓은 들판의 야생화를 죄다 알 수도 없는 노릇이지만 알 필요도 없다.

굳이 소속이 어디인가를 묻고 분류하려는 인간들의 궂진 심사를 여기서도 행사할 수는 없다. 그곳에 서면 이미 꽃의 일부가 된다. 다시 장마가 지고 댐이 막히면 꽃들은 수면 아래에서 침잠할 것이고 물이 빠지면 뻘이 그 자리를 채울 것이나 걱정할 일은 아니다. 인근 주민들은 뻘을 걷어내고 새로운 계절을 준비할 것이고 코스모스나 루드베키아, 또는 한탄강 일대에만 사는 포천 구절초가 이 벌판을 물들이고 있을 것이다.

•••• 자 싸울 준비 되셨나요? 당신이 서 있는 이 새로운 공화국의 헌법 특조는 상대방에게 대들 수 있는 유일한 무기가 꽃이지 않습니까. 무기는 여기 지천으로 널려 있습니다. 싸우실 상대를 골라 보시지요. "이 꽃 같은 놈아"를 외칠 이름도 기억해 보시구요. 마땅히 떠오르는 이름들은 있겠으나 싸우실 생각은 사라지셨겠지요.

꽃을 상대로 싸우는 사람은 없습니다. 당신이 이미 꽃이 되어 있다면 싸움을 거는 이가 있을 리 없겠지요. 꽃이 주는 평화가 이 것입니다. 싸움을 싸움으로 막아야 하는 이 시대의 고정된 사고를 단번에 바꾸어 주는 마력이 있지요. 여러분은 꽃의 거대한 시위를 목격하고 있는 겁니다. "칼의 반대말은 방패가 아니다. 꽃이다. 그런 줄만 알아라." 정히 싸우려면 꽃으로만 싸우라는 꽃의 묵직한 권고를 하루 빨리 수용하시길 빕니다. 그리고 이곳에서 꽃이 되시길 빕니다.

05

평화나무농장
자연(自然)에서는 스스로 평화가 된다

문득 떠올랐고 불현듯 전화했고 마침내 방문했다. 하루 사이의 일이다. 쌓아놓은 나의 것을 드리러 온 것이 아니다. 바닥을 드러낸 내 영혼의 곳간을 채우기 위해서 왔다. 나는 소비하는 사람이다. 내가 생산해 내놓는 것이라고는 복잡하게 위아래로 얽힌 악보를 적어 내거나 쉽게 이해할 수도 없는 문장 몇 개를 노트에 옮기는 것뿐이다. 자본주의(資本主義)는 소비를 먹고 산다. 소비되지 않으면 체제는 유지될 수 없다. 그러니 생산자와 소비자와의 상관관계에서 소비자는 언제나 우위에 있다. 자본주의 체제에서의 소비는 욕망을 실현하는 구체적인 획득 과정에 속하고 따라서 "이 체제에서 가난이란 욕망을

평화나무농장에서 수확한 밀로 만든 빵 밀은 고대밀의 종류인데 비오 딩켈(Bio Dinkel)이라 한다. 종자를 작년 가을에 심어 초여름에 수확했다. 7〜8월의 햇볕에 잘 말려 도정하고 빻아 충분히 발효시켰다. 모든 과정은 농장에서 이루어진다. 밀기울(쌀로 치면 겨)을 적절하게 섞어 밀이 주는 영양분을 허투로 다루지 않은 농부의 손길은 갓 구운 빵의 온기로 결실을 맺는다.

소비하기 위한 재화(財貨)가 부족한 것"을 의미한다. 나는 가난하다. 내 욕망의 크기를 제어하기도 어렵지만 실현시키는 것은 사실상 불가능하다. 이 사회를 사는 대부분의 사람들도 가난하다. 이유는 나와 유사하다. 가난을 벗어나기 위해 더 많은 소비를 강요받는 사회 속에서 생산의 가치는 왜소해지고 노동의 가치는 부정당한다. 가장 큰 부가가치를 창출해 낸다는 소위 '3차 산업'의 실체는 모두 생산과는 무관한 것들이다. 더군다나 지금은 4차 산업의 시대 아닌가. 3차 산업의 시대가 생산자를 소외시켰다면 4차 산업 시대는 인간 자체를 소외시킨다. 자연으로서의 한 개체인 내가 생산해 내는 것이라고는 하루에 몇 번씩 들러 배설하는 일 이외에 아무것도 없다는 생각에 미칠 때 즈음엔 늘 그리워 했던 곳이 여기였다. "평화나무농장!"

농장엔 사시사철 다양한 냄새가 풍겨난다. 지장산 아래 종자산 줄기를 타고 한탄강을 넘나드는 바람과 햇살과 빗줄기와 흩날리는 눈발이 약 2ha의 농장에 내리면 농장에서 자라는 흙 속의 나무와 채소와 꽃과 짐승들—가축이라고 쓰지 않는 이유가 있다. 거기에는 소, 돼지, 염소, 닭뿐만 아니라 미처 알지 못하는 수많은 벌레와 새와 곤충과 미생물들이 살고 있기 때문이다—은 각기 제철의 향기를 은은하게 퍼트리며 스스로 아름다워지기를 주저하지 않는다. 농장에서 내가 가장 좋아하는 냄새는 단연코 여물 냄새다. 알곡을 털어낸 벼와 보리와 밀은 낟가리로 쌓여 있다가 한겨울에 소와 염소의 양식이 된다. 유기농의 심화 단계인 생명 역동 농법(Bio Dynamic Agriculture)으로 지어 놓은 곡식들은 그 자체로도 소중하지만 가축이라는 생명을 살리고 봄이면 다시 흙으로 돌아가 땅과 뭇 생명들을 살린다. 그리고 인간의 생명도 살린다. 농장에선 소똥, 염소똥의 냄새도 향기롭다. 소와 염소의 푹신한 깔개로 썼던 풀들은 가축의 배설물과 섞여 퇴비가 되는데 일정 기간 발효된 퇴비는 손으로 한 웅큼 떠 올려도 뽀송뽀송하다.

혼자서는 다 못 먹을 만큼 사과가 있다면 그 사과 상하기 전에 친구와 나누어 먹겠어요
돈이 사과처럼 매일 조금씩 상해 간다면 그런 돈 집에 쌓아두고 싶지 않을 거예요
우리가 날마다 누는 똥이 돈이 된다면 그 똥으로 가스도 만들고 퇴비도 만든다면
그래서 똥을 눌 때마다 돈을 받을 수 있다면 날마다 똥을 누는 일이 재밌을 거예요

돈이 똥이 되고 똥이 돈이 되는 이런 상상만으로도 즐겁지 않나요?

— 〈이런 상상〉, 박성훈 작사·작곡

환경공학자이자 음악가인 박성훈 교수의 노래를 흥얼거리다가 퇴비 더미 위에 올라간다. 발바닥에 스물스물한 온기가 닿으면 재생과 순환의 지구적 리듬에 순응하는 이 농장 안의 모든 것들은 무엇 하나 배제됨 없이 각기의 기능을 인정받으며 살아감을 느끼게 된다.

하늘과 땅과 생명과 시간이 길러낸 작물들

농장에선 매해 50여 가지의 작물들을 생산한다. 엽채류, 화채류, 근채류, 과채류로 구분되는 우리 식탁에 오르는 대부분의 식물이 이곳에서 자란다. 당연히 화학비료나 제초제, 농약 등 합성화학 물질은 쓰지 않는다. 완숙된 퇴비와 유기물만으로도 토양은 활력에 넘치고 그 땅에 돋아난 새순은 계절에 따라 튼실한 열매를 맺는다. 거기에 더해 태양과 달과 무수한 별들이 지구에 전달하는 물, 불, 흙, 빛의 요소를 체계적으로 정리해 달력을 만들고 거기에 따라 파종하고 수확한다. 하늘과 땅과 생명과 시간이 길러낸 작물들은 유기농 최고의 단계인 생명 역동 농법이 만들어 내는 최고의 결실이다.

토마토 주스를 만들 때는 달콤하고 산양유로 치즈나 요구르트를 발효시킬 때는 시큼하다. 소시지를 숙성시키는 창고에선 고소한 냄새가 나고 잼을 달이는 솥에서는 달콤한 향내가 난다. 방금 전기 화덕에서 구운 빵이 나왔다. 소복히 부풀어 오른 빵은 촉촉했다. 파종 달력으로 치자면 지난 10월 열매 작물 파종에 적기인 궁수자리(Sagitarius)나 사자자리(Leo)의 어느 날 씨를 뿌렸고 한겨울을 오롯이 견디어 여름이 오기

자유롭게 자라는 아기송아지 농장의 모든 가축 들은 묶여 있지 않다. 활동하기 부족함 없는 공간에서 유기농 먹이를 먹고 자란다. 농장에 아기송아지가 태어났다. 어미 소의 눈망울은 그윽하고 농부의 손길은 따스하다. 평화나무농장에 별 하나가 더해졌다. 별을 노래하는 농부의 웃음소리도 조금 더 커졌다.

전 초록의 절정기에 거둔 통밀이다. 목구멍에서부터 밀의 향기가 지나간 장기의 구석구석까지 나의 온몸은 밀의 어여쁜 한 생으로 인해 값으로 매길 수 없는 치유를 받는 느낌이다.

쌀과 보리, 밀은 물론이고 이곳에서 나고 자란 현미, 귀리, 찰현미, 약콩, 흰콩, 찰수수, 보리, 호밀, 브로콜리, 케일, 양파, 당근과 당근잎, 양배추, 시금치, 무와 무청, 맷돌 호박, 밤호박, 뽕잎과 쑥, 오가피, 엉겅퀴, 컴프리 같은 작물들은 CSA(Community Supported Agriculture, 지역 기반 농법) 방식을 통해 소비자에게 공급된다. 농부는 1년치의 생산 계획을 세우고 미리 주문을 받고 소비자는 1년치의 비용을 먼저 지불한다. 기후와 작황에 따라 예정대로 생산되지 못하는 작물이 있을 수도 있지만 소비자가 불만을 표하는 경우는 없다. 소비자가 생산자의 농업 방식에 동의하고 존중하고 신뢰하며 고단한 생산의 과정에 함께 참여하는 직거래 방식이므로 어지간한 불편함은 농부의 부지런한 손길을 응원하는 마음으로 충분히 상쇄된다. '소비자가 왕'인 세상에서는 불가능한 방식이다.

• • • • 평화나무농장은 1990년 포천에 자리를 잡았습니다. 처음 10년은 오직 땅심을 키우는 데 집중했을 정도로 농장의 대표인 김준권 선생의 유기농에 대한 실천은 대단합니다. 선생은 한국

유기농의 씨앗을 뿌린 풀무원의 창립자 고 원경선 선생의 사위입니다. 1976년 당시 부천에 있었던 풀무원의 연수생으로 농사를 시작하셨고 이후 양주를 거쳐 이곳으로 이주하셨지요.

생명의 가치가 최우선인 먹거리를 위해 지금도 새벽잠을 물리치고서도 피곤한 줄 모르는 천상 행복한 농부입니다. 농장의 주인은 원혜덕 선생입니다. 두 분이 부부시니 당연히 원경선 선생의 넷째 따님입니다. 교사였던 5년을 제외하면 김 선생과 결혼 후 지금까지 평생을 유기농에 전념하며 사셨습니다. 격조 있는 삶에 품위 있고 재미지는 말수까지 더해 농장에서는 소나 양의 울음소리보다 더 청아한 웃음소리가 끊이지 않습니다.

"농사는 하늘을 보는 일입니다. 별을 노래하는 것이 농사지요"라는 말처럼 농장에 아기소가 태어났습니다. 선생께서 노래하실 별이 태어나신 것이지요. 이익보다 가치가 존중받는 세상으로 가는 길목에 평화나무농장이 있습니다. 이 농장에 발 디디시고 농업 방식에 동의하신다면 당신이 걷는 평화의 길은 옳은 방향입니다.

06

포천 막걸리
술 익는 마을은 노을도 고와라

포천 하면 막걸리다. 이 말을 어렸을 때부터 들었다. 백이면 백, 천이면 천, 대한민국 사람 아무나 붙잡고 포천 하면 떠올리는 단어가 무엇인가를 물었을 때 틀림없이 첫 번째로 나오는 단어가 막걸리이다. 포천 막걸리는 북한에서도 유명하다. 2000년 방북한 현대 정주영 명예회장에게 김정일 국방위원장이 한 말은 지금도 널리 회자된다. "막걸리 하면 포천 막걸리 아닙네까."

    촌놈이 유학이랍시고 서울 올라왔을 때에는 이름을 기억하지 못했던 친구들이 나를 "어이, 막걸리!"라고 불렀다. 학교 앞 선술집에선 고갈비나 파전 안주를 주로 먹었는데 그때 일행들이 마신 술이 서울 막걸리였다. 나는 막걸리의 고향 포천에서 왔다는 핑계를 대고 소주를 마셨다. 최고의 막걸리를 먹고 자란 놈이 가짜 술을 마실 수 없다는 게 이유였다. 그만큼 자부심도 있었다.

내 기억에 남은 최초의 음주는 초등학교 3학년 때다. 넉넉한 살림과 후덕한 인심을 가졌던 옆집 홍순네 할머니는 할아버지의 생신 때면 동네 사람들을 모두 초대해 아침을 거하게 내어주셨다. 그때 막걸리도 함께 나왔다. 허가 없이 집에서 만드는 밀주(密酒)였다. '밀조주 없는 새마을로 국민총화 이룩하자'. '나라 살림 좀먹는 밀조주는 만들지도 말고 팔지도 말고 마시지도 맙시다' 같은 표어를 외우고 다닐 정도로 단속이 심했다. 들키면 안 되는 술이니 귀할 수밖에 없었다. 나보다 열 서너살은 더 많은 동네 형의 꼬드김이 있었다. "애들도 먹어 버릇해야 돼"라든가 "이 귀한 거 지금 아니면 못 먹는다"라든가. 달착지근 입에 들러붙는 맛에 잡채를 안주 삼아서 한잔을 몽땅 들이켰었다. 그리고 그날 학교를 땡땡이쳤다. 다행히 어머니는 모른 체해 주셨다. 술 한잔에 얼큰해 지면 나중 일은 나 몰라라 할 때가 지금도 있는데 아마도 첫 주사(酒邪)의 잔향을 그리워해서일 듯싶다. 세 살 버릇 여든까지 가는지는 모르지만 열 살 주사 평생 가는 건 내가 잘 안다.

포천 막걸리 막걸리는 물과 쌀누룩으로 만들어진다. 그중 물은 술맛의 전부라 해도 과언이 아니다. 어디어디에 좋은 술이 있다면 그곳엔 반드시 천혜의 자연이 있다. 물 맑은 포천의 풍류는 막걸리에 담겨 있다. 마실 만하다가 아니라 마셔야 한다.

그 많던 막걸리들은 어디로 갔을까

조선 시대만 해도 어지간한 살림을 하는 집들은 술을 담가 먹었다. 마을마다 집집마다 김치 담그는 방법이 다르듯 술도 그랬다. 『향례합편』이나 『산림경제』, 『규합총서』 등의 고서에 등장하는 술 이름만 700여 개가 넘는다. 흉년이 들거나 천재지변이 생겨 나라 살림이 궁해질 때는 금주령을 내렸다. 술 빚을 때 쓰는 곡식을 줄이기 위해서였다. 한반도의 역사에서 최초의 금주령을 내린 사람은 서기 38년 백제의 다루왕이다.

조선 시대에는 수시로 금주령이 내려졌다. 가장 긴 금주령을 내린 왕은 영조였다. 영조 32년(1756)에 내린 금주령은 무려 11년이 지난 영조 43년에야 해제됐다. 주속(酒贖)은 술을 만들거나 팔지 못하도록 한 규정을 어기는 사람에게 매기는 벌금이었고 금란방(禁亂房)은 이를 단속하기 위해 별도로 설치한 기관이었다. 금주령이 길어지면서는 이들 기관에 의해 속전(贖錢)을 남징(濫徵)하는 폐단(『영조실록』 78권)이 생기기도 했다.

영조 때는 술 먹다가 사형당한 사람도 있었다. 영조 38년(1762) 9월 대사헌 남태회가 병마사 윤구연을 금주령 위반으로 탄핵했고 이에 격노한 영조가 직접 숭례문에 나가 윤구연을 참했다. 증거는 윤구연의 집에서 나온 빈 술 항아리 몇 개였다. 이후 금주령을 어겨 사형당한 이가 적지 않았지만 대부분 고위 관료였던 것을 감안하면 영조는 금주령을 왕권 강화의 수단으로 여겼던 듯하다. 영조는 조선의 왕 중 대표적인 호주가(好酒家)였다.

1909년 일제는 주세법을 공포했다. 모든 술에 세금을 매기기 위해 주조 허가제를 시행한 것인데 삼국시대 이후로 술을 만들어 먹는 데 세금을 부과한 적이 없었던 것을 고려하면 가혹한 처사였다. 이후 10년 동안 조선에서는 9가구당 1가구 꼴로 허가신청을 했었다(최대 35만 8,112건-1918년). 1916년 개정된 주세령(酒稅令)은 '조선주'라 불리는 탁주, 약주와 재래식 소주 이외의 술은 자가주조를 하지 못하도록 했다. 또한 집에서 먹는 술과 판매하는 술을 엄격히 구분하고 집술에 대한 세금을 높게 부과함으로써 사 먹는 술이 훨씬 싸도록 만들었다. 1920년대 말쯤 되면 주조 면허자는 거의 소멸되고 집안 대대로 전해 오던 전통주도 대부분 사라졌다. 1934년 조선총독부의 국세 중 주세의 비율은 28.8%였다.

까까머리 중고등학교 시절 학교를 마치고 집으로 오는 길에 막걸리를 얻어먹었던 적도 꽤 있었다. 논길을 지나다 새참 때가 되면 어른들 틈에 섞여 몇 탁배기씩 마시곤 했는데 그때 막걸리는 6도였다. 새참용 농주(農酒)로 막걸리 만한 게 없었다. 금세 배불러 든든하고 취한 듯이 삽질 몇 번 하면 금세 깼다. 대접으로 서너잔 들이켜도 집에 도착할 때쯤이면 말짱해지는 청량감이 있어 술먹은 티 안내기에도 그만이었다. 1982년 막걸리 도수가 8도로 올라갔다. 국가 시책이었다. 농꾼들은 막걸리에 취해 일을 망치기도 했고 술 취해 논두렁에서 자빠지는 일들이 많아졌다. 새참 먹다 말고 마을 사람들끼리 술에 취해 싸우는 일도 생겼다. 이후로 전주(田主)들은 막걸리를 내놓지 않았다.

막걸리 하면 포천이지

그 시절 한때는 오죽 자랑할 게 없으면 막걸리를 내세울까 했었지만 생각을 고쳐 먹는 건 아주 수월한 일이었다. 왜 술이 어때서?

보르도(Bordeaux, 프랑스 남서부 항구도시) 하면 와인이고 위스키 하면 아이어셔(Ayrshire, 스코틀랜드 동부 조니워커의 생산지), 맥주는 플젠(Plzen, 체코 서부 보헤미안 지방의 주도 필스너 우르켈의 생산지) 아니던가. 아예 마을 이름을 상표로 내건 곳도 많다. 술 익는 향기가 진동하는 멕시코 할리코스(Jalisco) 주의 데킬라(Tequial) 마을에선 사시사철 데킬라 투어를 즐기려는 관광객들이 모여들고 하도 귀해서 가짜가 판친다는 마오타

이주(酒)는 중국 귀주성 마오타이진(茅台陣)의 대표술이다. 코냑(Cognac)은 오드비 드 벵 드 코냑(Eau-de-vie de vin de Cognac)의 줄임말로 프랑스 코냑 지방의 포도 증류주이다. 영어 발음인 샴페인(Champagne) 또한 불어 발음 상파뉴(철자는 영어와 똑같다) 지방의 대표 술이다. 진도에는 홍주가 있고 안동에는 소주가 있는 것처럼 포천에 막걸리가 있다.

군대 얘기는 어떤 자리이든 절대 금기지만 포천 막걸리를 설명하자면 어쩔 수 없이 한마디쯤 해야 한다. 포천 막걸리가 전국적으로 유명해진 데에는 군인들의 입소문이 컸기 때문이다. 포천은 군사도시라는 인식이 강할 만큼 군부대가 많다. 어쩌다 벌어진 술자리에서 포천 이야기가 나오면 나도 거기서 근무했었다는 예비역들을 심심치 않게 만날 정도다.

포천은 군대 편제로 치자면 5군단과 6군단 지역인데 1950년대 후반부터 5군단에 막걸리가 보급되기 시작했다. 각 부대의 PX(군대 내 매점)에 항아리를 묻어 놓고 인근 술도가에서 배달하는 형태였다. 군 생활을 해 보신 분이야 잘 아시겠지만 영내에서의 음주는 일 년에 몇 번, 부대장이 허락한 날만 가능하다. 그야말로 귀한 시간에 갓 스물이 넘은 젊은 청춘들의 뱃속을 얼큰하게 만든 막걸리는 평생의 기억이 되었다. 군 간부들은 사서 먹었지만 일반 병사들은 공짜로 먹었다. 그 맛을 어떻게 잊겠는가. 배고픈 시절 구수했던 어머니의 된장찌개 맛을 그리워하는 향수처럼 당시 포천 출신 예비역들은 막걸리를 그렇게 이미 경험했던 것이다. 그 맛을 다른 지역으로 가져갈 수도 없었다. 탁주의 공급구역 제한 제도(주세법 제5조)에 묶여 포천 지역의 막걸리는 1999년 주세법이 개정되기 전까지는 포천에서만 먹을 수 있었다.

막걸리는 물과 쌀누룩으로 만들어진다. 그중 물은 술맛의 전부라 해도 과언이 아니다. 어디어디에 좋은 술이 있다면 그곳엔 반드시 천혜의 자연이 있다. 백운산이 있는 이동면 도평리 백운계곡 초입에 '1957 이동주조'가 있다. 창립자 하유천 옹(翁)은 당시 5군단 간부와의 인연을 통해 군대의 납품을 처음 시작했다. 포천 이동 막걸리의 명성은 이때부터다. 당시 술 고픈 군인들이 밤 몰래 찾아오면 슬며시 술도가 문을 열어주었다는 미담도 있는 곳이다. 지금은 세계 20여 개국에 수출하고 있는 중견 기업이다.

1932년에 문을 연 '1932 일동주조'는 창업자 고 이병규 옹이 일동면 화대리에 '장천 양조장'이란 이름으로 문을 열었고 지금은 4대째 청계산 자락에서 내려온 물을 담아 술을 빚는다. 막걸리는 '포천, 그중에 일동, 이동 막걸리'라고 한다면 그중의 한 축을 담당하고 있는 것이다.

"이거이 남쪽에서 온 그 유명하다는 포천 막걸리요?"
2000년 8월 남측의 언론사 사장단을 맞은 북측의 김정일 위원장이 꺼낸 말이다.

"우리 군대가 전쟁 때 낙동강까지 갔었는데 집집마다 동아리에 막걸리가 있어서 두세 사발씩 먹고 비리비리하는 바람에 전쟁에 어려움이 있었습니다. 지난번 정주영 영감이 막걸리를 30가지나 보내와서 조금씩 조금씩 먹어 봤는데 그 가운데 아주 맛 좋은 게 있어서……." 당시 김 위원장의 어록에 나온 막걸리를 만든 곳이 군내면 직두리에 있는 (주)포천막걸리이다. 김 위원장은 2007년 10·4 공동선언 이후 만찬에서도 포천 막걸리를 언급했다. 포천 막걸리는 1915년에 문을 열었으니 굳이 원조를 찾아야 한다면 이곳이라고 할 수 있다. 덕분에 포천의 막걸리의 역사가 깊어졌다.

산정호수를 끼고 있는 술 빚는 전가네는 전통 가양주의 산실이다. 다른 공장이 대량생산을 위한 기계화 공정 체계를 갖추고 있다면 이곳은 순전히 몸으로 술을 빚는다. 술 제조 공정이 궁금한 사람들은 이곳에서 배워 가면 된다. 6도짜리 탁주부터 40도 증류주까지 생산된다. '궁예의 눈물'이나 '배꽃 담은 연' 같은 이름들은 마시기 전에 취하게 만든다. 이 밖에도 1928년에 문을 열고 지금까지 3대째 같은 자리에서 술을 빚는 내촌주조, 경기도를 대표하는 전통주로 선정된 (주)포천명가, 피아니스트 사장님의 예술혼으로 빚은 명가주조 등 아홉 개의 술도가가 있다. 모두 전국의 막걸리 품평회에서 빠지지 않는 대접을 받는 술들이다. 포천 곳곳에 퍼져 있으니 계절에 따라 술 익는 냄새를 청하기에도 부족함이 없다.

• • • • 명필이 붓을 안 가리듯 명창이 장소를 안 가리듯 술꾼이 술을 가리는 건 염치없는 일입니다. 암만 그렇다고 치더라도 땀 내 나는 노동을 끝낸 오후나 비 내리는 저녁에는 역시 막걸리지요. 안주는 아무거나 상관없지만 두부김치나 도토리묵이면 더 좋구요. 운동도 못하고 등산은 더욱 못하고 모종 심을 땅도 없어 땀 흘릴 일 없지만 그래도 한잔 생각 간절한 휴일을 보내고 계시다면 47번 국도에 올라 보시면 어떨까요. 베어스타운 스키장을 지나 운악산을 옆에 두고 일동, 이동으로 향하는 그 길 말입니다. 서파 검문소 지나면 바로 화현인데 거기에 전통술 박물관 산사원이 있습니다.

우곡 배상면 선생은 한국 전통술을 대중화하는 데에 일등 공신이지요. 장남이 운영하는 국순당과 차남이 운영하는 배상면 주가를 만들었고 우곡생주를 만드는 외동딸 배혜정 도가까지 합치면 전통주에 관한 한 이만한 일가가 더는 없지요. 느린마을막걸리와 산사춘을 만드는 배상면 주가가 화현에 있고 그곳에서 운영하는 술박물관이 산사원입니다. 입장료가 있지만 과하지 않습니다. 산사원에서 가장 눈에 띄는 단어는 '풍류'입니다. 일상에서 못다 담은 풍류만 채워 오신다고 해도 손해는 아니지요. 귀갓길에는 막걸리 직매장이 곳곳에 있으니 잠깐 들러서 몇 병 담아 오시는 것도 좋겠습니다. 풍류야말로 삶을 복되게 하는 첫 번째 덕목이지 않습니까?

07

명산리 울미마을 연꽃
연꽃 만나고 가는 바람같이

무뎌지고 덤덤하고 귀찮은 것들이 점점 많아진다. 삶의 대부분이 일상이고 익숙한 것들이다. 당연히 반성할 일 없이 하루를 살아도 크게 문제가 되지는 않는다. 일상의 영역이 더 많아질수록 일탈을 감행할 수는 있으나 마음먹어야 할 일이 또 신경 쓰이니 다시 무뎌지는 것이다.

꽃은 언제나 환상 속에 있다. 실제의 아름다움보다 더 부풀려진 고귀한 가치를 일컬어 꽃이라 명명했고 나의 환상은 희망으로 둔갑하여 언제나 꽃으로 남아 있다. 그러니 꽃의 환상마저 사라지는 날이 온다면 나의 생도 시들어 가는 것이겠다.

진달래나 아카시아가 예뻐서 따먹었던 기억은 없다. 찔레

꽃 하얀 잎도 있으니까 먹었었다. 앵두가 귀했지 앵두꽃이 귀했던 것이 아니었다. 포천의 산들에는 어김없이 꽃이 피었다. 개나리, 철쭉, 엉겅퀴, 살구꽃, 개복숭아, 패랭이, 구절초, 민들레꽃. 당신이 포천에서 태어났다면 봄날 지천으로 널려 있는 이 꽃들을 만났을 것이다. 꽃을 예쁘다고 생각한 적은 없던 듯하다. 할딱고개를 넘어가던 초등학교 등굣길의 꽃들은 굳이 눈길을 주지 않아도 알아서 피었었다. 할머니의 무덤 옆에 핀 할미꽃이 불쌍하다고 생각한 적은 있다. 왜 그랬는지는 모른다. 그래도 꽃이 귀한 줄 모르는 사람들은 없었다. 꽃에 대고 욕을 한 사람을 만난 기억은 전혀 없다. 꽃을 심거나 키우는 이도 없었다. 꽃이 밥이 되지는 못했던 시절이었다. 꽃을 심었다면 구 43번 국도변의 코스모스 정도일 것이다. 코스모스 씨를 받아 학교의 숙제로 내기도 했고 역시 숙제로 등굣길에 심기도 했었다. 코스모스를 따서 꽃잎 몇 개 떼어내고 휘휘 돌려 바람개비처럼 놀았다. 어쩌다 꽃술에 앉아 있는 벌에 쏘인 적도 있다.

꽃이 예쁘다고 생각했던 첫 기억은 아마도 포천성당 울타리에서 장미를 만났을 때였을 것이다. 한 번도 보지 못한 꽃이었다. 그래서 더 예뻤다. 읍내에는 담장 밑에 장미를 심어 놓은 집이 몇 있었다. 그런 집에 사는 아이들을 동경한 적도 있었다. 포천에서는 만나지 못하는 꽃이 있었다. 매화, 백일홍, 유채, 수선화, 동백, 라일락, 그리고 연꽃.

오늘을 놓치면 큰일 날 뻔했다

미당의 문필은 탁월하다. 그가 권력을 향해 구애했던 시들은

울미 연꽃 "우리는 개발이 아니라 꽃을 택했다." 모든 꽃이 다 예쁘지만
가장 예쁜 꽃은 내 눈앞의 꽃. 그 꽃이 내 앞에 있다. 울미 연꽃

탁했으나 그런 시가 그에게 어디 있었을까 싶게 잊는다. 전 국민이 애송하는 시 「국화 옆에서」도 좋지만 막걸리집 아낙의 쉰 목소리가 그리워지는 「선운사 동구」는 그야말로 절창 아닌가. 그리고 며칠 전부터 자꾸 입안에 맴도는 시가 있다. 「연꽃 만나고 가는 바람같이」. 단 한 줄의 서늘한 제목만으로도 연꽃

에 홀리어 나대는 가슴을 도닥이기엔 충분하다. 포천에서 연꽃을 만나는 일이 어디 쉬운가. 전날부터 의관을 정제한 듯 알람을 맞추고 시를 뒤적이다 연꽃보다 먼저 이 시가 떠오른다. 벌써 오래전부터 가슴에 담아 두었었다. 그의 다른 시들은 대부분 사라지거나 잊혀졌지만 이 시만큼은 진흙에 물들지 않는 연꽃처럼 고고하다. 새벽이어야 했다.

울미마을 연꽃은 수원산(왕방산과 마주하는 포천의 주산)이 배경이어야 했고 새벽을 물들이는 안개의 빛깔과는 다른 선명함이 있어야 했다. 그래야 연꽃이다. 내 고향에서 만나는 첫 번째 연꽃. 수원산 위로 해가 뜨고 나는 연꽃 사이를 걷는다. 이른 안개 속의 연꽃 사이를 걷고 싶었으나 그것도 사라지면 그만. 밤새 활짝 피어 색깔을 드러낸 꽃봉오리도 있고 바라보고 있으면 금새 꽃망울 터트릴 것 같은 봉오리도 있다. 이 고운 자태를 어떻게 표현해야 할까. 무색, 무취, 무미한 것이 때로는 더 아름다울 수 있다는 누군가의 말은 거짓이다. 이 색깔을 표현하지 못한다면 언어는 무슨 소용이 있겠나 싶은 것이다. 그러나 이 순간 수십 년 말을 하고 살았다는 게 믿기지 않게 할 말이 없다. 적당한 말을 찾지 못했다는 게 맞다. 다만 "사람이 다 좋지만 가장 좋은 사람은 나에게 잘해주는 사람, 모든 꽃이 다 예쁘지만 가장 예쁜 꽃은 내 눈앞의 꽃." 그 꽃이 내 앞에 있다.

꽃배산. 보머리산에 얹혔던 안개가 수원산을 넘어가면 본격적으로 여름 햇살이 비추고 그 사이 연꽃 산책을 즐기는 사람들이 늘어난다. 나보다 먼저 와서 걷던 한 사내가 말을 걸어왔다.

"세미원 연꽃, 봉선사 연꽃은 다 졌는데 그래도 여기 연꽃은 생생하네요."

그때 처음 알았다. 전국의 모든 연꽃이 끝물이라는 것을. 울미 연꽃이 좀 더 오래 핀다는 것을. 오늘을 놓쳤으면 큰일 날 뻔했다.

포천에 연꽃을 가져다준 것은 명산리(鳴山里) 울미마을 주민들의 지혜와 단합 덕분이다. 어느 지역이나 마찬가지 듯 젊은 인구의 이농과 고령화를 피하지 못했다. 마을의 어르신들이 마음을 모았다. 논이었던 땅을 파 연못을 만들고 꽃씨를 뿌린 게 2011년이다. 2017년에 정식으로 '울미 연꽃마을'이라는 이름을 달고 마을기업으로 성장 중이다.

•••• 당신이 이곳에 올 때는 살짝 가랑비가 내렸으면 좋겠습니다. 이슬처럼 맺혀 있던 물방울들이 꽃잎을 궁글어 당신의 손에 담으면 그 물로 당신의 마음을 씻어 보면 어떨까요. 가랑비가 어

깨를 촉촉히 적실 때쯤엔 슬쩍 눈치 한번 보고 가장 널따란 연잎을 꺾어 우산처럼 받쳐도 누가 탓하지는 않을 것입니다. 혼자 그 귀한 우산을 쓰면 멋 떨어지니 연인 같은 이와 동행할 일입니다.

마을 공동체가 연꽃을 통해 외치는 소리를 들으면 연꽃 만나고 지나치는 바람이 아니라 연꽃 만나러 가는 설렘이 되어 더 들리고 싶을 수도 있습니다.

"우리는 개발이 아니라 꽃을 택했다."

····· 더 보기 : ···
직두리 부부송·가산면 금현리 지석묘

직두리 부부송(夫婦松) : 300여 년 동안 꼭 잡은 손

천연기념물 제460호로 지정된 두 그루의 소나무다. 얕은 산을 뒤로하
고 소나무가 서로 엉켜 있어 사이좋은 부부를 연상케 한다. '부부송'이란
이름은 지역주민들이 공모해서 붙인 이름이다. 이 소나무 부부는 300여
년 동안 한시도 떨어지지 않고 잡은 손을 놓지도 않았다. 늘 푸른 이파
리는 이들의 영원한 사랑을, 굵은 나무의 두께는 사랑의 역사를 보여준다.

가산면 금현리 지석묘 : 포천에서 가장 큰 고인돌

우리나라는 고인돌 왕국이다. 세계 고인돌의 40%가 한반도에서 발견
되었다. 포천에서도 자작동, 일동면 수입리, 창수면 추동리, 신북면 만세
교리 등에서 발견되었다. 그중 가산면 금현리의 고인돌은 길이 580㎝,
폭 490㎝, 두께 50㎝의 덮개돌이 얹힌 형태로 가장 크다. 1983년 9월 19
일 경기도 문화재 자료 제47호로 지정되었다. 고인돌 주변에 있는 고인돌
다방, 고인돌 수퍼, 고인돌 치킨 등의 이름이 정겹다.

08

코버월드 화폐박물관
세상에나 이렇게 많은 종류의 돈이 있다니

엽전은 아주 흔했다. 동네 애들 쌈치기 하는 동전에는 꼭 엽전이 몇 개쯤 끼어 있었고 제기를 만드는 데도 엽전 두 개가 들어갔다. 습자지를 구멍에 끼워 돌리고 끄트머리를 잡도리해서 여미면 발에 착착 달라붙는 제기가 만들어졌다. 나는 제기차기를 좋아했는데 100개 정도는 기본이고 500여 개를 넘어서서는 숫자를 까먹어서 그만 찬 적도 많았다. 학교 앞 문방구에서 파는 제기에도 엽전이 들어가 있었다. 그 당시에는 소위 "엽전들!"이란 말이 유행했었다. 어른들이 퉁명스럽게 내뱉었던 그 말의 의미가 나에겐 이렇게 들렸다.

"'허삼관 매혈기'의 자라 대가리처럼 찌질하고 궁상맞
게 못났거나 '완장'에 나오는 종술이처럼 서푼짜리 벼
슬을 조자룡의 헌 창인양 휘두르는 어리석은 사람, 또
는 회장님의 방귀소리에 화장지 미리 갖다 바치는, 그
야말로 높은 사람에게는 알아서 척척 기어주는 딸랑딸
랑 잔챙이"

– 이지상, 『이지상 사람을 노래하다』, 삼인, 2010.

엽전(葉錢)이 일제강점기까지 서민들의 생활을 책임진 화
폐 '상평통보'였다는 것은 학교에서 국사시간에 배웠다. 그즈
음 엽전의 셈 단위를 '닢(잎)'으로 한다는 것을 몹시 신기해 했
었는데 이후 엽전은 귀해졌고 더 이상 아이들 장난감이 아니
게 되었다. 경제성은 소멸되었으나 역사성은 배가(倍加)되어
나의 기억 속에서 선명한 엽전에 대한 추억을 소환하는 일은
꽤 신나는 일이다. 나의 추억을 고스란히 물려줄 아이들과 함
께 있다면 더욱 그렇다.

코버월드(cobuworld)는 화폐박물관이다. 화폐 중에서도
현행화(현재 유통되고있는 화폐)로 치면 국내에서 가장 규모가
크다. 전 세계 약 200여 개국이 넘는 나라들의 돈을 한꺼번에

코버월드 건물 코버월드 화폐박물관은 현재 유통되고 있는 화폐로 치면 국내에서 규모가
가장 크다. 각국의 화폐 속을 거닐다 보면 세계의 역사를 담을 수 있다.

볼 수 있는데 그 방대한 양의 절반 이상은 주화다. 일단 대한민국관으로 들어가면 동전부터 봐야 한다. 이른바 '엽전의 추억'이 그립기 때문이다.

상평통보는 유통 초기에는 호조·상평청·진휼청·정초청·사복시·어영청·훈련도감 등 일곱 개 기관에서 주조했었다. 조선 후기로 가면 총 48개 기관에서 주조를 하는데 그중 주조기관이 다른 20여 개의 주화가 전시되어 있다. 당백전은 상평통보 1문의 가치를 100배로 올려 유통시킨 화폐인데 조선 정부의 악화된 재정을 충당하기 위해 고종 3년(1866) 발행했으나 물

코버월드 엽전 일제강점기까지 서민들의 생활을 책임진 화폐가 '상평통보'였다는 것은 학교에서 국사시간에 배웠다. 장난감처럼 여겼던 엽전은 역사가 되었다. 박물관은 어른들에겐 추억을, 아이들에게는 역사에 대한 호기심을 선물한다.

가만 올려놓고 6개월 만에 중단되었다.

대한제국의 화폐 발행의 역사는 강대국 사이에서 생존을 위해 몸부림쳤던 13년의 숨 가쁨을 고스란히 담고 있다. 경성 전환국에서 인천 전환국에 이어 용산 전환국으로 옮겼으나 끝내 1904년엔 자국의 화폐 제조를 오사카 전환국에 맡겨야 하는 운명에 처하게 된다. 13년의 짧은 역사 때문에 남아 있는 주화의 가치도 상당하다. 2014 화동옥션 경매에서 1906년 제조된 '20원 금화'가 1억 5천만 원에 낙찰되기도 했다.

1956년에 발행한 오백환 권의 모델은 이승만 전 대통령인데 얼굴이 정중앙에 위치하고 있어 돈을 접으면 얼굴이 반쪽이 되니 용안을 해칠 수 없다고 해서 발행 중지되었다. 1972년에 발행된 오천 원권의 모델은 율곡 이이다. 그의 초상이 꼭 서양인을 묘사해 놓은 꼴이어서 문제가 되었는데 인쇄원판을 영국의 토머스 데라루사가 제작했기 때문이었다. 1977년에야 조선인 율곡과 오죽헌이 담긴 오천 원권이 새로 발매되었다.

훈장님 만난 학생처럼 공부 한번 합시다

이쯤되면 슬렁슬렁 가벼운 마음으로 마실 나왔다가 엄한 훈장님 만난 꼴이다. 박물관 도슨트의 설명은 찰지고 경쾌하고 화폐에 관한 내용은 깊고 알차다. 자세를 곧추세우고 경청의 모드로 돌아서면 금세 지적 충만감에 가슴이 뿌듯해진다. 그날 만난 도슨트는 코버월드를 만든 관장이었다. 그의 부친은 의정부 중앙극장 앞에서 구두 수선을 하셨다. 의정부에는 미군 부대가 주둔해 있어 세계 각처를 고향으로 둔 미군 병사들은 전투화 수선비를 각국의 동전으로 계산했다. 그의 외국돈 모으는 취미가 이때부터 생겼고 이후 30년을 더 모았으니 방대한 종류와 양은 말할 것도 없다.

"우리 박물관에서 가장 큰 면적을 차지하는 곳이 대한민국관입니다. 그다음이 조선 민주주의 인민공화국관이구요. 두 나라의 화폐 역사만큼 다른 나라 화폐의 역사도 만만치는 않은데 그 내용을 다 전시하려면 지금 규모의 열 배 정도는 더 필요합니다. 그게 아쉽지요." 코버월드는 본관과 1관, 3관 세 개동으로 운영하고 있다.

세계에서 가장 큰 액수의 지폐는 100조 달러짜리 짐바브웨 지폐이다. 0이 무려 14개. 그 돈으로 계란 3개 정도를 살 수 있다. 지나친 인플레이션의 상징으로 회자되고 있는데 지금은 기념품의 가치만 있다. 1987년에 발행된 영국령 쿡제도의 동전 모양은 기상천외하다. 2달러짜리 동전은 삼각형이고 1달러는 가리비 모양. 5달러는 12각형이다. 바하마 제도의

15센트 동전은 사각형이고 파푸아 뉴기니나 노르웨이, 덴마크에서는 우리나라 옛 엽전저럼 구멍이 뚫린 동전을 쓴다. 돈의 단위도 천차만별이다.

채널제도 최남단의 저지섬엔 1/12 실링, 독일엔 3마르크, 포르투갈에는 4센타보, 아일랜드에는 6펜스, 감비아엔 8실링. 세상이 참 넓고 넓다는 말은 이럴 때 써야 한다. 러시아의 동전 중에 15코펙이 있다. 연해주와 시베리아를 포함하여 12번씩이나 러시아를 다녀왔던 내가 한 번도 써보지 못했던 돈인데 얼마나 주마간산 격으로 기행해 왔는지를 살필 수 있는 단면이라 엄청 찔리기도 한다. '폴리머 지폐(polymer bank note)'라 불리는 플라스틱 지폐는 호주에서 먼저 개발했는데 지금은 뉴질랜드, 베트남, 캐나다, 브루나이 등 많은 나라에서 사용하고 있다. 모두 박물관에 와서 보고 듣고 배운 것들이다. 이쯤 되면 세상에 배울 것이 넘쳐 나고 내가 아는 건 지극히 적다는 겸손을 떨어도 이상하지 않다.

페퇴피에서 디에고 리베라까지 각국의 화폐 모델들

페퇴피를 여기서 만나다니. "사랑이여 그대를 위해서라면 내 목숨마저 바치리. 그러나 사랑이여 조국의 자유를 위해서라면 내 그대마저 바치리." 내가 마음속에 삼십 년 넘게 품고 있었던 자유와 사랑의 시인. 그러나 조국을 위해서라면 26년의 짧은 청춘을 기꺼이 바쳤던 헝가리의 페퇴피 샨드로(Petöfi, Sándor, 1823~1849)를 만나면서는 정신이 번쩍 드는 전율이 인다. 그가 10포린트(Tiz Forint)짜리 지폐에서 근엄한 눈빛을 보내고 있는 것이다. 디에고 리베라(Diego Rivera, 1886~1957)는 어떤가. "나의 평생 소원은 단 세 가지, 디에고와 함께 사는 것, 그림을 계속 그리는 것, 혁명가가 되는 것이다"라고 읊조렸던 쓸쓸한 자들의 대변인 프리다 칼로의 연인. 죽음 직전까지 자유의 붓을 놓지 않았던 멕시코의 국민 화가인 그는 멕

코버월드 전시 전시물은 대개 아이들의 눈높이에 맞춰져 있다. 어른들은 허리를 조금 굽힐 수 있지만 불편하지는 않다.

시코 은행이 발행한 500페소의 표지 모델이다.

미국은 화폐 모델에 관한 한 정지인을 가장 사랑하는 나라이다. 1달러에는 초대 대통령 조지 워싱턴이, 1985년부터 생산이 끊긴 2달러의 모델은 3대 대통령 토머스 제퍼슨인데 행운을 상징한다고 해서 선물로 주고받는다. 내 지갑에도 꼬깃꼬깃 접혀져 있다. 5달러에는 링컨 대통령이 그리고 거의 사용하는 사람이 없는 10만 달러에는 28대 대통령 우드로 윌슨이 모델이다.

반면 프랑스는 정치인을 거의 모델로 사용하지 않는 것으로 유명하다. 유로화를 사용하기 이전의 프랑스 지폐의 모델을 보면 50프랑은 『어린왕자』의 생텍쥐 베리, 100프랑은 사과 정물화로 유명한 폴 세잔, 200프랑은 에펠탑 설계자 구스타프 에펠, 500프랑은 마리와 피에르 퀴리 부부이다. 프랑스의 예술이 얼마나 깊은가는 평가자에 따른 편차가 있을 수는 있겠으나 지폐에서 만큼은 가히 예술가의 천국을 실천해 내고 있다. 부러운 일이다.

프랑스뿐만 아니다. 루마니아에는 시인 미하이 에미네스쿠(Mihai Eminescu, 1850~1889)가, 러시아에는 안톤 체홉(Anton Pavlovich Chekhov, 1860~1904)이 그리고 중남미 아메리카로 가면 노래 〈Don't cry for me argentina〉의 주인공,

아르헨티나의 마리아 에바 두아르테 데 페론(María Eva Duarte de Perón, 1919~1952)을 비롯한 각국의 시인. 화가. 소설가 다수가 화폐 속의 인물로 영원히 기억되고 있다. 마치 돈은 모으기 위해서가 아니라 삶을 향유하기 위해서 존재한다는 것을 웅변하는 듯하다.

•••• 코버월드에 가면 도슨트가 권하는 관람 수칙이 있습니다. 수칙이라면 삐딱선을 타고 싶은 이들도 안 지키면 손해일 것 같은 상큼한 규칙들입니다.

첫째. 여기는 음료 및 음식물 반입금지가 없습니다. 모든 관람객에게는 음료가 제공됩니다. 음료는 들고 다니면서 마셔도 됩니다. 설명을 듣다 보면 목도 마르고 다리도 아픕니다.

둘째. 도슨트의 설명은 꼼꼼히 챙겨야 합니다. 화폐에 관한 내가 알고 있는 것의 열 배쯤은 새로운 지식으로 채워질 것입니다.

셋째. 어른이라면 허리를 조금 구부리세요. 모든 관람 동선과 전시물의 높이는 아이들을 중심으로 설계되었습니다. 아이들의 눈높이에 맞추기 위해서는 어른들의 배려가 필요합니다.

동전, 주화, 현행 유통화의 산실인 만큼 아이들을 모시고 가면 참 좋겠습니다. 아이들의 목소리는 막으실 필요가 없습니다.

충분히 관람하고 학습하기에는 어른들도 벅찹니다. 아이들의 칭얼거리는 소리를 전시의 일부라고 생각하시면 어떨까요. 의자는 충분하고 전시물의 맨 아래에는 동화책이 그득하니 아이의 손을 잠깐만 놓으시면 알아서 잘 놀 겁니다.

09

포천5일장
추억의 5일장? 천만의 말씀

〈장타령〉이란 노래가 있다. 〈각설이타령〉과 함께 시장을 들었다 났다 흥청거리게 만드는 묘한 장단이 매력적인 노래다. 이 노래엔 전국 어지간한 장터 이름이 다 나오는데 그야말로 섭섭하달까 아쉬운 게 하나 있다. 포천장 이름이 쏙 빠진 것이다.

"순천 하면 샘박장, 영주 밖에는 원주장, 인삼이 많다 금산장, 빛깔 좋다 옥천장, 쌀이 많다 이천장, 횡설수설 횡성장, 이귀저귀 양구장 ⋯⋯." 전국에 떠들썩한 3대 장터가 북평장, 이리장, 그리고 성남 모란장이라고 했던가. 포천장으로 말할 것 같으면야 경기도에서도 성남 모란장 다음으로 규모가 크

고 김포의 김포장, 일산장과 함께 경기도 4대 장터인 데다가
『동국문헌비고』(1770)에도 기록된 바 "매월 3일과 8일에 개설
되었다"고 적혀 있으니 이름이 빠질 이유가 없어 은근 괘씸하
기까지하다. 그래봤자 어디 대놓고 따질 데도 마땅치 않다.
차라리 구절 하나 더 붙여 흥얼거려 보는 게 속 편하긴 하다.
"물이 좋아 포천장, 사람 좋아 포천장, 배 불러서 포천장, 왔
다 간다 포천장."

소설가 김주영의 어릴 적 놀이터는 경북 청송의 진보 장터
였다. 서울신문에 『객주』를 연재하기 시작하면서부터는 아예
장돌뱅이가 되어 5년간 전국 200여 개의 장터를 돌았다. 『임
꺽정』이나 『장길산』, 『녹두장군』 같은 대하소설에는 보부상으
로 불리는 장돌뱅이들이 역사를 만들어 간다. 그래도 역시 장
돌뱅이 하면 허 생원이다. 충주장, 제천장, 대화장, 그리고 봉
평장터를 사시사철 뚜벅거리며 산 장돌뱅이의 상징이다.

봉평에서 대화로 가는 80리길에 소금을 흩뿌린 듯 황홀했
던 메밀꽃 필 무렵의 어느 날. 달빛이 '흔붓이' 흔들리는 봉평
의 물레방앗간에서 만난 성 서방네 처녀 이야기는 아릿하다.
장돌뱅이라고 부르면 직업 비하 용어라고 삿대질할 사람들이
없지는 않겠으나 장터에 서면 그 말이 입에 착 달라붙을 수밖
에 없다. 세상 거저 산 적이 없는 듯한 경륜의 훈장들이 장터

의 점포마다 새겨져 있으니 '나긋나긋 하늘하늘'이 아니라 '굵
직굵직 성큼성큼' 삶의 굴곡에 정면으로 맞서 살아온 이들을
부르기에 이만한 단어가 없는 것이다.

"뻥이요!" 소리에 장터가 술렁술렁

새벽 6시 미처 동이 트기도 전부터 장터가 부산하다. 천막을
치고 트럭에서 물건을 내린다. 식당 천막에서는 벌써 국물이
끓기 시작한다. 포천 다리 밑 천변 둔치에는 금세 어묵 냄새가
그득하다. 일곱 시가 되면 장사 준비를 하던 상인들이 허기를
채우려 식당으로 몰려온다. 한소끔 먼저 끓은 국밥은 간밤의
숙취나 시장기를 달래기에 충분하다.

　여덟 시. 드디어 뻥튀기 점포에서 개장의 신호음을 울린
다. 강냉이 튀기는 소리 "뻥". 의류점, 철물점, 약재상 등에서
는 흥정하는 소리가 들리고 국수집, 튀김집, 꼬치집 등에서
풍기는 고소한 냄새가 장터를 뒤덮는다. 꼬막에 홍합, 바지
락, 대합 같은 조개류부터 아구, 생태, 오징어, 조기 등 어물
전만 해도 없는 생선이나 해산물이 없을 정도다. 물론 고래나
상어는 빼고. 발그스름하게 간이 잘 밴 젓갈을 파는 곳도 있는
데 젓갈장으로 유명한 강경이나 서천에 비할 바는 못 되지만
포천 같은 두메산골에서는 구경만으로도 신기하다.

포천5일장 물이 좋아 포천장, 사람 좋아 포천장, 배 불러서 포천장, 왔다 간다 포천장. 포천 5일장은 신읍5일장이라고 부르기도 한다. 매월 5, 10일에 장이 서고 그 옆 포천천 옆에 주차장이 있다.

토종꿀, 양봉꿀 가득한 꿀 가게에선 즉석에서 꿀을 내려 주고 흑미강정, 깨강정, 새싹보리 강정집의 콩 볶는 냄새는 기가 막히다. 대장간에서 방금 도착한 것 같은 호미, 쇠스랑이나 잘 벼린 낫과 칼이 주인을 기다리고 목 짧은 양말이나 몸빼바지에 땡땡이 원피스가 압권인 포목전엔 손님들이 줄을 선다. 취나물이나 오가피, 땅두릅을 파는 아주머니는 손이 커 보였다. 깎아 주는 맛보다 덤으로 주는 맛이 더 좋은 듯 내어주는 봉지마다 가득가득하다.

포천 5일장은 매달 5, 10이 들어가는 숫자에 열린다. 점포는 약 300여 개. 어느 대도시의 상설 전통시장 부럽지 않다. 오래전 포천 5일장은 포천 차부(시외버스터미널) 뒤편에서 열렸었다. 포천 인근의 동네마다 농부들이 직접 키운 채소며 과일들을 이고 나와 편한 자리에 좌판을 깔고 팔았다. 동이 이모는 어머니의 사촌 여동생이다. 어머니가 그렇듯이 이모도 동두천의 귀한 집 외동딸이었다. 어머니는 태어나서 얼마 뒤 집채만 한 호랑이에게 쫓기는 꿈을 꾼 이후 평생 다리를 절었고 이모는 얼굴이 얽었다. 어머니는 가마 타고 왕뱅이 고개를 넘어 이가네로, 이모는 아랫동네 조가네로 시집을 오셨다.

나는 15리나 되는 초등학교를 걸어서 다녔는데 이모는 15리나 되는 포천 장터를 리어카를 끌고 다녔다. 어쩌다 귀갓

길에 만나면 이모의 리어카를 내가 대신 끌기도 했는데 그때마다 장에서 팔다 남은 읽키설키한 참외들 한 봉다리씩 담아 주셨다. "엄마갖다 드려라." 어머니는 30촉짜리 백열등 아래서 열무나 얼갈이배추를 다듬었다. 짚으로 꽁꽁 동여맨 채소를 머리에 이고 새벽길을 나섰다.

아침에 일어나 어머니가 안 보이면 오늘이 장날이구나 했다. 내가 입었던 엑스란 팬티(아크릴 섬유로 만든 1970년대 내의 브랜드)나 보세신발은 어머니가 장날에 채소를 팔아 사 오신 것들이었다. 이웃 마을의 최 씨네는 옷을 팔았다. 그이는 짐 자전거에 한 가득 옷을 싣고 포천장뿐만 아니라 관인장, 이동장, 내촌장까지 안 다닌 곳이 없었다. 내 친구의 아버지였던 그에게서 나는 '성실'이란 단어를 배웠다. 터미널 주변으로 건물이 들어서고 도로가 정비되면서는 장터는 포천일고로 가는 다리 주변의 제방 둑으로 옮겨 졌다. 현재의 포천경찰서 앞 너른 둔치에 자리를 잡은 건 1999년 12월부터다.

장터의 하루는 짧기만 하데요

비가 내리지 않아서 다행이었다. 장마가 지고 큰물이 들면 장이 서지 못하고 300개의 일터가 사라지는 것이다. 개울을 건너 장터로 가는 길엔 징검다리가 놓여 있다. 벼락이 쳐들어와

쪼갠다고 해도 꿈쩍도 하지 않을 포천석 화강암으로 54개다.
포천천에는 텃새처럼 사는 황새가 서너 마리 날아다닌다. 징
검다리에 쪼그리고 앉아 물 흐르는 소리를 듣다가 황새의 날
개짓을 따라 눈길을 돌리면 자연스레 장터로 걸음을 옮기게
된다. 점심때부터는 오가는 사람들의 어깨가 부딪힐 정도로
성황을 이룬다.

장터의 길이는 약 400m 남짓 되지만 다 구경하는 데는 한
시간은 족히 잡아야 한다. 있는 건 있고 없는 건 없겠지만 들
러 보면 다 사고 싶은 것 천지다. 녹두전 익는 꼬실꼬실한 소

포천5일장 우동 "뻥이요!" 소리에 장터가 술렁이면 국수 한 그릇 먹을 일이다. 배가 든든해
지면 소설 「메밀꽃 필 무렵」에 나오는 허생원의 나귀처럼 느릿하게 장터를 둘러보면 된다. 점
포는 약 300여 개쯤 된다.

리가 귀에 감기는 시간이다. 대개 장터란 술시[酒時]가 일찍 다가오는 법이니 이때부터 해가 왕방산으로 넘어갈 때까지는 막걸리 목 넘기는 걸죽한 소리도 참 좋다. 출출해 지는 시간엔 잔치국수를 하나 시켰다. 새벽부터 끓였던 어묵 국물에 국수를 토렴하여 계란과 김 가루를 고명으로 얹는다. 뜨끈한 국물에 국수 가락은 씹히지도 않고 논스톱으로 목을 넘어간다. 개운하고 배부르다. 장터는 해가 넘어가고 어둑어둑해지는 여덟 시까지 계속된다. 파장 무렵엔 트로트가 쓸쓸하다. usb에 담긴 최신 트로트 가요를 파는 아저씨는 하루 종일 노래를 흥얼거렸다. 지금은 고전이 된 상표의 중고 기타도 몇 대 좌판대에 올려놨었다. 기타는 사 간 사람이 없었다.

•••• 포천 관내엔 여덟 개의 5일장이 열립니다. 포천장으로 불리는 신읍장이 제일 크고 4일, 9일에 열리는 송우장도 점포가 100여 개 됩니다. 2일, 7일에 열리는 일동장도 제법 규모가 있지만 1일과 6일에 내촌장, 3일과 8일에 이동장과 양문장, 관인장, 운천장은 점포 수가 10개 내외입니다. 시장통이란 세상일의 모든 경우의 수가 존재하는 곳입니다. 좋은 일에는 껄껄대고 웃지만 행여 패악질이라도 생기면 억세져야만 하지요. '인생도처 유상수(人生到處 有上手)'라고 어딘들 고수들이 없겠습니까마는

110

이 모든 것들을 살아가는 장터 사람들이야말로 그래서 진정한 인생의 고수들입니다. 이들을 일컫는 '장돌뱅이'라는 용어에는 산전수전, 공중전까지도 다 겪은 풍찬노숙의 삶이 다 포함되어 있지요.

그래서 나는 이 말을 참 좋아합니다. 희극인보다는 광대가 더 진솔하게, 시각장애인보다는 청맹과니가 더 아름답게 느껴지는 것처럼요. 『논어』에는 "세 명이 길을 가면 그중에 선생이 꼭 한 명은 있다[三人行, 必有我師]"라는 말이 있지요. 이효석의 소설 『메밀꽃 필 무렵』의 주인공 허 생원의 아픈 사랑 이야기를 이 장터에서도 누군가에게 들을 수 있을 만큼 장터의 사람들, 장돌뱅이들은 모두가 선생입니다. 장이 끝나면 못다 판 물건을 실은 트럭은 다음 장을 향해 떠납니다. '부르릉' 덜덜거리며 출발하는 트럭이 소설 속 장돌뱅이 허 생원과 생을 함께했던 나귀의 느린 걸음을 닮았습니다. 장터에서 돌아오는 내 어머니의 빈 광주리를 닮았습니다.

명성산 억새밭

10

명성산 억새밭과 빨간 우체통

저녁 숲으로 보내는 편지

편지도 없이 우체통을 찾아간다. 그곳은 무뚝뚝하게 눈 맞추는 직원도 없고, 쾅쾅 찍어대는 스탬프 소리도 없고, 우표도 팔지 않는 곳. 나는 발신인도 수신인도 적지 않을 것이다. 손바닥만 한 단풍잎 한 장을 골라 지문을 찍어 우체통에 넣을 것이고, 하여 편지는 당신에게 전달되지 못할 것이다. "나는 아직 잘 있어요. 앞으로도 그럴 거예요. 나는 아직 당신을 기억해요. 앞으로도 그럴 거예요." 마치 전화를 걸듯 대화를 나누겠지만 혼잣말이 된 나의 안부는 저녁 햇살을 따라가다 사라질 것이다.

명성산 억새밭 가는 길

아름다운 산책이었다. 산꼭대기에 있는 빨간 우체통을 찾아 나선 길엔 가을이 깊었고 나는 미처 전하지 못했던 안부들을 차곡차곡 챙겨 넣었다. 때론 삶이란 내가 잃어버린 목록과 같아서 어쩌면 나는 내가 바라던 빈 공간을 채우러 왔는지도 모른다. 개미들이 지나간 자국이 선명한 작은 숲길, 밤새 고라니가 울다 간 바위, 나이테를 숨긴 채 뒷짐 지고 있는 나무, 거대하게 물들었으나 씨앗에서 발아했음을 잊지 않는 단풍, 모든 것들이 그 길에 다 있었다. 이미 늙어 버린 노인이 졸다가 손님을 맞을 것 같았던 슈퍼와 해지면서부터 달빛을 기다리는 돌다리를 지났다.

이제부터 계곡이다. 물은 바위를 타고 가라앉았다 솟아올랐다를 반복하며 호수를 향한다. 비선폭포가 나타나면 두 갈래 길, 곧장 가면 등룡폭포(3.5km), 왼쪽으로 가면 책바위길(2.2km)이다. 애초 직진 인생이었던 나는 이번만큼은 돌아가기로 한다. 모든 속도는 저항에 반비례한다. 빨리 가기 위해선 그만큼의 품이 더 든다는 얘기다. 책바위길이 짧은 이유는 산의 저항이 만만치 않기 때문이다. 등산 전문가들도 이 길은 다소 험하다고 말한다. 느긋하게 우회로를 택하며 대신 그립다 말하지 못했던 이들의 안부를 하나 더 챙긴다. 가을 나무들이 만들어 놓은 단풍터널로 걸어간다. 순백의 옷을 입고 와도 저절로 단풍색에 물들 것 같은 시간이다.

지친 듯 내려오는 사람, 나를 지나 빠른 걸음을 옮기는 사람들이 있다. 이 길에서는 나 외에는 무엇과도 비교할 필요가 없으니 나는 내 걸음을 걷는다. 길옆에 산짐승들이 다녔던 흔적이 있는 소로를 따라 계곡으로 내려와 손을 담근다. 할 수만 있다면 이 차가운 물 위에 떠 있는 별 그림자를 보고 싶다. 가까운 곳에서 포성이 터져 골짜기를 흔든다. 벌써 익숙한 듯 새들은 무감하고 낙엽들만 후두둑 떨어진다. 인근의 훈련장은 나의 군대 시절 부대원들이 전차를 끌고 와 사격 훈련을 했던 곳이다. 그 물에 세수를 하며 나와 함께했던 청춘들에게 드리는 안부도 챙기기로 했다. 등룡폭포에 도착할 때는 온몸이 젖어 있었다. 출발한 지 40~50분쯤은 된 것 같았으나 따로 시계를 보지는 않았다.

단풍잎에 안부를 적어 당신께 보내 드릴께요

이 숲의 어지간한 나뭇잎들은 이미 알고 있었을 것이다. 새싹이었을 때의 화사함과 낙엽이 될 때의 조심스런 모습을. 어지간한 나뭇잎들은 벌써 수십 번 피고 지는 경험을 했을 것이다. 고작해야 단 한 번 피었다가 단 한 번 지고 마는 나 같은 사람은 따라가지 못할 생과 사의 경지를 낙엽들은 미리 알고 있는 것이다. 등룡폭포에 두 개의 소(沼)가 있고 그 웅덩이 가장자리로 낙엽들이 가득하다. 폭포를 떨어지는 맑은 물들이 낙엽들을 씻겨 준다. 한 해 동안 수고했으니 잠시 쉬었다 가라고 낙엽의 발길을 잡는다. 경건한 장례 의식이다. 하나둘씩 의식을 마친 낙엽들은 물을 따라 폭포 아래로 떨어진다. 내년을 기약하면서. 다시 만날 일이 아닌데도 그냥 지나치지 못하고 낙엽의 몸을 씻겨 주는 물의 정성이 고맙다. 당신이라고 불렀던 숱한 인연들이 있었다. 그중에 보고 싶다 마음을 전했던 이들이 몇이나 되었을까. 여기서 다시 한 번 그 말을 전하지 못했던 이들의 안부를 챙긴다.

나와 같은 속도로 내 뒤를 따라오던 아주머니들은 나를 추월해 벌써 시야에서 사라졌다. 이젠 그들의 뒤를 내가 따라간다. 억새밭이다. 한 시간 반이 걸렸다.

"아휴 힘들어. 왜 하필 억새는 이 꼭대기에 피어서 생고생을 시키나." 등 뒤에서 들리는 어느 분의 푸념에 나도 그만 피식거리고 만다. 내 심정이 꼭 당신 심정이다. '고진감래', '오심즉여심' 한자성어가 마구마구 떠오른다. 억새는 흰 구름이 뿌려놓은 가루를 뒤집어쓴 듯 황홀한 백색이다. 능선 가득 피었으니 한눈에 다 담기도 어렵다. 누가 일부러 씨앗을 뿌린 것

명성산 우체통 편지도 없이 우체통으로 간다. 단풍잎에 안부를 적어 당신께 보내기 위하여. 명성산 팔각정 아래 억새군락지 한편에는 빨간 우체통이 있다. 누군가에게 편지를 써서 매년 10월 중에 이 우체통에 넣으면 이듬해 10월에 수취인에게 배달된다.

도 아닌데도 여린 가지 하나로 나무들의 뿌리를 이겨내고 그들만의 거대한 숲을 만들었다. 억새밭 사이를 가로질러 올라가면 그제서야 가을바람이 상쾌하다. 몇 개 되지도 않는 안부를 챙겨 오느라 몸이 무거웠었을까. 더 이상 올라가지 않아도 된다는 안도감이 한몫을 더해 땀범벅인 몸을 식혀 준다.

빨간 우체통에 도착했다. 내 삶에서 가장 멀리 있는 우체통이다. 억새가 바람에 흔들리니 산 하나가 출렁거렸다. 하루의 최선을 다한 햇살이 너른 억새밭을 비추며 저물어 간다. 산 하나가 같이 저물어 간다. 모든 축제의 시간은 끝났다. 드문드문 만났던 사람들도 이제 돌아갔다. 우체통이 내게 말을 거는 듯했다. "이제 문 닫을 시간입니다." 나는 챙겨 온 안부를 적은 단풍잎을 우체통에 넣었다. 마지막 손님이었다. 이제 하산할 시간이다.

•••• 기왕에 산행을 계획했던 당신이라면 명성산(923m) 표지석은 확인을 해줘야 직성이 풀릴 것입니다. 명성산 정상은 우체통이 있는 팔각정에서 삼각봉을 지나 약 2.5km를 더 갑니다. 지금까지 온 길이 트레킹이었다면 여기부터는 진짜 산행입니다. 시간은 약 한 시간 반쯤 더 걸립니다. 명성산으로 오르는 세 개의 경로가 있습니다. 1코스는 내가 걸었던 등룡폭포길, 2코스는 책

바위길. 3코스는 너무 험해 전문가도 쉽지 않다는 자인사길입니다. 만약에 그래서는 안 되는 일이지만 당신이 야간에 하산할 일이 생긴다면 무조건 등룡폭포 코스를 택해야 합니다. 당연히 랜턴은 필수구요.

2코스 책바위길을 선택하신다면 아마 인생을 걸어야 할지도 모릅니다. 내가 내려와 봤습니다. 3코스는 더 말할 것도 없지요. 빨간 우체통에 실제의 편지를 넣으면 매년 10월 말에 거두어 간직해 두었다가 일 년 뒤에 배달해 줍니다. 수신인이 당신이라면 일 년 전의 당신 모습을 확인할 수 있습니다.

11

산정호수
궁예의 눈물이 고여 호수가 되고

"그게 거 뭐냐. 중독이라는 게 말야. 별게 아니더라구. 물안개 있잖아요. 처음에는 이게 잔잔해요. 그러다가 해가 좀 더 뜨잖아? 그럼 무슨 솜사탕 확 풀어놓은 것처럼 몽글몽글하다가 그 담에는 송글송글이야. 눈에 딱 보여. 그러다가 한바탕 싸아악 쓸어 가는데 어디로 가는지는 몰라. 근데 거 왜 있잖아? 별거 아닌 듯하면서도 특별한 거. 수면 위를 훑고 가는 것이 차분한데도 요동치는 거 같은 거. 그거에도 사람이 중독된다니까."

포천 말투가 있다. 강원도 사투리도 아니고 황해도는 더더욱 아닌데 서울 말씨하고는 조금 다른, 누가 들어도 촌놈 티

물씬 니는 억양이다. 모처럼 만난 친구들과의 술자리에서 무슨 중독이니 하는 얘기가 나왔나 보다. 내 차례가 돼서도 아닌데 나도 모르게 그만 툭 튀어나온 말이었다. 친구들의 어이없어 하는 표정을 놓치고 말이 뜸해진 잠깐의 틈에 나는 지체 없는 포천 사내의 억양과 몸짓까지 써 가며 열변을 토할 준비를 하고 있었다.

이어지는 반응들이 시납다. 누구는 손이 떨리기 시작하면 큰일이다. 누구네 식구는 폐 진단을 받았다. 또 누구는 통증 완화 주사 그거 함부로 맞을 게 아니라고 떠드는 자리에서 뜬금없이 물안개라니. 반응이라는 게 대충 이렇다. 우리는 일하는 거 말하는데 너는 걷는 얘기를 한다. 우리는 돈 얘기를 하는데 너는 꿈 얘기를 한다. 우리는 몸 중독을 얘기하는데 너는 마음 중독을 얘기한다. 그리곤 핵심적인 말은 맨 뒤에 한다. "그러니 술값 내라는 말을 할 수가 없잖아 임마!" 대충 점잖을 떨어도 무방한 경력의 소유자들이지만 이치들은 도대체 그런 게 없다. 듣기 민망한 육두문자가 대부분인 문장을 사용하면서도 경쾌한 웃음은 잊지 않는다. 물론 거나하게 술이 취한 자리다. 내일이면 다 까먹는다. 그래도 억울하다. 어차피 중독이란 말이 나온 김에 한마디 한 게 그렇게 욕먹을 만한 일인가.

그때 당신이 옆 테이블에 있어 우리의 대화를 들었다면 얼마나 좋았을까. "혹시 산정호수 물안개 말씀하시는 거 아닌가요? 정말 참 예쁘던데요. 그런 걸 다들 못 보셨다니까 유감이네요." 짐짓 품위 있고 나긋한 표준말로 나의 펼치지 못한 웅변을 거들어 주셨다면 두말없이 소주잔을 들고 당신 테이블로 옮겼을 텐데.

몸속의 요구에 따라 먹고 싶은 것 못 먹고, 보고 싶은 것 못 보면 생기는 환장하는 증상. 그것이 중독이다. 사랑이 중독의 한 축이라는 것을 모든 사람들은 다 안다. 거기에 중독된 자들이 뱉어낸 수많은 언사들을 우리는 명작이라느니 명화라느니 명대사라느니 하면서 수천 년을 읊고 있는 것 아닌가. 그러니 나의 물안개가 중독의 품목 중 하나인 것도 확실하다.

포천 하면 산정호수, 지당하신 말씀

산정호수는 포천의 북쪽 끄트머리, 철원군과 경계가 되는 지점에 있다. 포천 읍내에서도 30km. 포천이 시작되는 축석고개에서는 50km가 넘는다. 지리적으로야 사람들에게 홀대를 받을 만한 외지에 있지만 호수의 명성은 언제나 쟁쟁했다. 어릴 적 누가 내게 어디를 가고 싶은가를 물었을 때 최초의 대답이 산정호수였다. 동네 어르신들이 일 년에 한 번씩 대동 놀이

산정호수 원경 산정호수는 일제강점기인 1925년. 인근 영북면 일대의 농업용수 공급을 위해 관개용 저수지로 축조됐다. 1,537㏊ 면적에 저수량이 1,923㎥로 경기 북부 지역에선 가장 큰 호수다. 경기도 내 14개 국민 관광지뿐만 아니라 국토교통부에 의해 지정된 전국 228개 관광단지에 견주어도 빠지지 않는 풍광과 역사를 자랑한다.

가는 코스의 명단에도 산정호수는 빠지지 않았었고 당시의 어떤 커플들은 이곳을 신혼여행지로 선택하기도 했었다. 그만큼 포천 사람들도 가기 쉽지 않은 전국적인 명소였다.

일제시대인 1925년, 인근 영북면 일대의 농업용수 공급을 위해 관개용 저수지로 축조됐다. 명성산 자락의 망루봉과 망봉산을 연결하는 약 200여 미터의 골짜기를 막았다. 1977년 3월 31일 동두천의 소요산, 여주의 신륵사 등과 함께 국민 관광지로 지정되었고 이후 포천 하면 떠오르는 상징 1순위를 놓치지 않았다. 1,537㏊ 면적에 저수량이 1,923㎥로 경기 북부 지역에선 가장 큰 호수로 경기도 내 14개 국민 관광지뿐만 아니라 국토교통부에 의해 지정된 전국 228개 관광단지(2020년 3월 현재)에 견주어도 빠지지 않는 풍광과 역사를 자랑한다.

당신이 청명한 날에 오시길 기대한다. 거대한 암벽의 자태 위에 뿌리를 내린 나무들이 명성산을 아우르고 호수는 산의 그대로를 흔들리는 모습으로 반영한다. 바라보는 각도에 따라서 명성산을 비춘 호수 그림자를 통해 정상에 설 수도 있다. 느지막이 도착하신다면 붉그작히 물든 햇살을 배경으로 한 망봉산을 바라보며 커피를 마실 수도 있다. 비 오는 날이라면 더 좋다. 명성산은 본디의 자태에 더해 산 구름을 허리에 두르겠고, 청둥오리는 호수에 떨어지는 빗방울들을 탐닉하는 듯

산정호수 근경 물속에 뿌리를 내린 버드나무가 바람에 흔들리며 작은 파문을 만들었다. 파문은 호수에 사는 청둥오리들이 물고 다녔다. 단풍철엔 낙엽마저 파문을 타고 다녔다. 아래 사진은 비가 내리는 회색빛 산정호수.

유영할 것이다.

당신이 배회할 곳은 수변 산책길이다. 호수를 조망하는 산책길은 3.2km. 천천히 걸어도 한 시간이면 충분하지만 굳이 완주를 할 필요는 없다. 마음이 가는 곳 어디서나 잠시 멈추면 된다. 조각공원이어도 좋고 호수에 몸 담그고 있는 버드나무 앞이어도, 붉은 적송에 몸 기대고 있어도 좋다. 어차피 호수의 향이 밴 차 한잔이나 그곳에 기대고 사는 사람들이 내어주는 막걸리 한 사발은 필수 아닌가.

궁예는 어쩌자고 이곳에 와 숨을 멈추었는가

산정호수의 물안개에 중독되어 몇 번을 다녀가는 동안 이곳은 궁예의 눈물을 모아 놓은 채 그 의미를 1,100년 넘게 숨겨 온 비밀창고가 아닐까 생각했다. 패서 지방(황해도와 평안도)의 권세가들을 포함해 신라에 반기를 든 지방 호족들과 함께 나라를 세웠고 912년 역사적인 나주 정벌을 통해 국세(國勢)를 세웠지만 왕건을 통해 권력을 유지하길 바랐던 패서 호족들의 반란으로 모든 것을 잃은 한 쓸쓸한 사내의 뒷모습이 어려 있는 듯했다.

그의 역사적 기록은 모두 새 왕조 고려를 추켜세우기 위한 미사여구에 불과하다. 하여 정설로 굳어진 궁예가 신라의 진골 출신이라는 설에 의문을 제기하는 이도 있다. 그를 신라 귀족임에도 본향을 배신한 자로 만들어 고려 왕조 탄생의 정당성을 주장하고자 하는 의도가 있다는 것이다. 명성산(鳴聲山)엔 그가 죽기 전 통한의 눈물을 흘렸다는 전설이 있다. 왕건 일파에 쫓겨 도읍을 탈출해 이곳 근처 어딘가에서 보리 이삭을 주워 먹다 그의 폭정에 분노한 백성들 손에 죽었다는 전설도 있다. 그러나 역사 이래 높은 산에 올라가 홀로 통곡을 한 군주도 없고 배고파 굶주리다 모르는 낯선 자들의 몰매에 맞아 죽은 군주는 더더욱 없다.

태봉국의 수도 철원은 삼국시대 그 어떤 도성보다도 규모가 큰 도읍이었고 조선 시대 한양 도성에 버금가는 계획된 신도시였다. 철원평야의 너른 평지에 높이 10m 길이 12.5km의 도성을 쌓을 만큼 자신감도 있었다. 892년 원주에서의 반란을 시작으로 불과 4년 만에 강릉에서 개성에 이르는 중부 지역을 장악했고 나주 정벌 후에는 동해안 대부분의 땅을 포함해 당시 삼한 땅의 2/3에 이르는 왕국을 건설했다. 모두 백성들과 같은 밥을 먹고 군사들과 같이 잠을 자며 일구어낸 그의 성과들이다. 신라의 병폐인 골품제를 폐지했고 무태(武泰), 수덕만세(水德萬歲), 정개(政開) 등 독자적인 연호를 사용함으로써 태봉이 천자의 나라임을 선포했으며 당시 대중 불교인 선

종을 존중하고 선승들을 포용했었다. 무엇보다 역사적으로 채 10명이 안 되는 새로운 국가의 창시자이다.

그러나 그는 흉악하고 포악한 자, 이른바 미륵을 자처한 요사스런 승려가 되어 '옴마니반메훔'을 주문으로 외우고 관심법으로 사람을 참혹하게 죽였던 폭군으로만 기억되고 있다. 그 기억은 고려 초기 선각대사 형미의 비문(강진 무위사 소재)에도 새겨 놓은 대왕이란 호칭을 부정하고 세상에 태어나서는 안 되었던 인물로 궁예를 묘사한 『고려사』나 『삼국사기』의 기록에 기인한 것인데, 그 기술을 다시 부정할 재주가 나에게는 없다. 다만 화려한 승자의 기록 속에 감추어진 패자의 가혹한 눈물을 조금이라도 간파해 보려는 것이다.

때론 명성산 쪽에서 호수를 건너 바라보는 망루봉이 처연해 질 때도 있다. 쫓아오는 왕건의 군사를 피하기 위해 저 봉우리 꼭대기에서 궁예의 병사들은 밤을 새웠을 것이다. 그리고 명성산(울음소리 뫼) 어디쯤에 진지를 구축하고 왕건 군사와의 마지막 일전을 준비했던 병사들은 곧 피울음을 토하며 산의 이름으로 울분을 새겨 놓았을 것이다. 정사(正史)에서 기록하지 못한 그들의 눈물이 1,100년을 흘러들어 호수에 잠겼다는 나의 가정을 누군가 믿어 준다면 궁예의 억울한 멍에가 풀어질까. 호수에 잔잔한 파문이 일고 새벽 물안개가 피어오를 시점이다.

안개꽃이 되어 비로소 수면 위에서 춤을 추기 시작하는 호수는 서로의 손을 놓지 않고 먼 길을 여행해 왔던 태봉국의 백성들과 닮아 있다. 못난 놈들은 서로 얼굴만 봐도 즐겁다는 어느 시인의 말을 되새기며 늘 이기지 못하는 싸움의 편에 서 있었던 나의 걸음도 수면 위로 옮겨 패자의 백성들이 펼쳐 놓는 안개 사이를 춤으로 걷고 싶은 것이다.

• • ◦ ◦ ◦ 호수에 안개가 걷히면 연인을 태운 오리배들이 한가하게 떠다니고 놀이동산의 바이킹은 신나는 리듬을 타고 흔들립니다. 조각공원의 작품을 눈으로 담으며 고즈넉한 시선으로 능선을 바라보는 여인이 있는가 하면 벌써부터 허기진 배를 채우려 식당을 찾는 이들도 있습니다. 여기에 온 사람들은 모두가 환한 표정입니다. 아마 당신도 그럴 것입니다. 태봉국이 꿈꾸었던 이상이 만인의 웃음이었다면 이미 산정호수를 통해 매일 그 이상을 만들어 내고 있는 것입니다.

····· 더 보기 : ···

한가원 · 백운계곡 · 장암저수지

한가원 : 산정호수 가는 길에 한과도 맛보고

국내 최초로 한과를 테마로 세워진 한과문화박물관이다. 2008년 개관했고 한과의 역사와 유래, 제작 과정과 종류 등 한과에 관한 모든 것들을 한눈에 볼 수 있다. 산정호수길을 따라 운전을 하다 보면 꼭 차를 멈추고 싶은 구간에 위치해 있다.

백운계곡 : 전국적으로 유명한 여름 휴양지

이동면 백운산의 맑은 물이 영평천으로 흘러 들어가는 포천의 대표적인 계곡이다. 여름 휴양지로 전국에서 빠질 수 없는 이름이지만 백운교를 따라 올라가는 숲길은 어느 계절이나 훌륭하다. 2020년 경기도와 포천시는 계곡 내의 불법 시설물을 철거했고 계곡은 비용 부담 없이 누구나 드나들 수 있는 공간이 됐다. 백운계곡 상인들의 통 큰 결단과 포천시의 행정력이 빛나는 공간이 되었다. 천년고찰 흥룡사가 있고 영평 팔경 중 하나인 선유담도 있다.

장암저수지 : 〈별에서 온 그대〉처럼

국망봉 아래 깊은 계곡을 품고 있다. 저수지를 찾아가는 길은 두 번 정도 길을 잘못 들어야 할 만큼 순박하고 저수지 옆으로 난 가로수 길도 운치 있다. 새벽 비 내린 날 안개를 머금은 산의 자태가 아름답다. 드라마 〈별에서 온 그대〉에서 김수현과 전지현이 키스신을 찍은 곳이다.

12

화적연
화적연에서 빌다

그 바위 아래서 기우제를 지내면 비가 내렸다. 가뭄에 마른 농심(農心)을 바위가 헤아렸다. 그 바위를 바라보며 비 그치기를 기도하면 비가 그쳤다. 지금까지의 모든 비가 다 그랬다. 사람들은 그 바위에 영험함이 있다고 믿었다. 하늘이 허락하지 않는 일들을 사람이 해낼 수는 없었던 천심(天心)의 시대. 태어날 때부터 죽을 때까지 오직 한 하늘이었던 것처럼 바위 또한 아득한 옛날에 만들어져 다시 아득한 미래까지 이어질 영원(永遠)이었다. 하늘을 원망할 일이 더 많았던 고단한 삶이었어도 바위를 원망하지는 않았다. 하늘은 때론 공포였지만 바위는 언제나 위로였다.

사람들은 각자의 바람을 담아 그 바위에 이름을 붙였다. 젖이 마를 것을 걱정한 산모는 '유석향(乳石鄕)'이라 부르며 아이의 울음을 달랬고 조선 후기 실학자 박세당(1629~1703)은 바위의 신묘함에 감탄해 '귀룡연(龜龍淵)'이라 칭했다. 그 이전에 오래도록 구전되어 온 이름은 '볏가리 소'였다. 낟가리는 곡식의 낟알이 붙어 있는 상태로 논에 쌓아둔 더미를 말한다. 볏가리는 그와 같은 의미인데 일년 내내 농사를 지었으나 논에 볏가리 하나 쌓아둘 형편이 못되었던 농부들은 그렇게나마 소원이 담긴 이름을 붙여 품었다. 볏가리 소는 나라님들도 손꼽는 기도처였다. 『조선왕조실록』에 기록한 대로 송경(松京, 개성)의 박연(朴淵), 양근(楊根, 양평)의 도미진(渡迷津), 과천(果川)의 관악산(冠岳山)과 더불어 빠지지 않는 기우제 터가 바로 조선 시대 영평현(永平縣)의 화적연(禾積淵)이었다.

靈湫凝湛(영추응담) 신령스러운 못 엉기어 빠지니
衆流攸匯(중류유회) 뭇 물줄기 돌아 흘러 모이네
與雲降雨(여운강우) 구름과 함께 비를 내려주시니
有應無怠(유응무태) 응험은 있고 업신여김 없도다
今玆大旱(금자대한) 오늘 이 큰 가뭄
民命其殆(민명기태) 인민의 목숨이 거의 위태롭도다

겨울 화적연 '유석항', '귀룡연', '볏가리 소'라는 이름들을 가진 화적연. 겨울날 얼음 위로 눈이 내려 하얗게 보인다. 겨울 화적연 앞에 앉으면 얼음장 아래로 흐르는 물소리를 들을 수 있다. 얼음이 녹는 만큼 물소리도 커진다. 봄이 가까이 와 있다는 신호이다.

失德在子(실덕재자)   덕 잃음은 나에게 있으니

赤子何罪(적자하죄)   인민이 무슨 죄 있겠는가

微誠未格(미성미격)   정성은 자질구레하고 격식조차 갖

추지 않았으니

憂懼日倍(우구일배) 근심과 두려움 날로 더하네

庶霈甘澤(서패감택) 많고도 큰 비 담은 단 못이여

惠此飢餒(혜차기뇌) 이 굶주림에 은혜를 베푸소서

– 이경석(1595~1671) 무진년(1625)

5월 화적연 기우제 제문

볏가리 소를 '화적연(禾積淵, 벼를 쌓아놓은 연못)'으로 이름
붙인 사람은 사암 박순(1523~1589)이다. 민중의 언어를 학자
의 언어로 바꾸어 놓은 것이다. 그는 명종 때 출사하여 정승
을 내리 15년을 지냈고 그중 7년은 영의정으로 재임했다. 스
스로 관직에 물러나서는 포천 백운산에 칩거하였으며 1658년
(효종 9)에 옥병서원에 배향되었다.

神龍幻石走深淵(신룡환석주심연)   신룡이 돌이 되어 깊은
못으로 들어가고

禾積輪囷別有天(화적륜균별유천) 볏가리 높이 쌓아 별천
지가 되었구나
緩步經由蒼壁下(완보경유창벽하) 푸른 절벽 아래로 천
천히 걸어가서
朗吟坐久碧灘前(낭음좌구벽탄전) 벽옥 같은 여울에 앉아
낭랑히 노래하네

– 면암(勉庵) 최익현(崔益鉉, 1833~1906)의 「화적연」

　이후 화적연은 풍류 화객들의 작품에 단골 소재가 되었
다. 금강산을 지나는 길목에 있어 그냥 지나치기 어려운 풍광
을 지녔기 때문이다. 진경 산수화의 대가 겸재 정선은 간송
미술관에서 소장하고 있는 〈해악전신첩〉 속에서 본래의 모
습보다 더 우뚝 솟은 화적연을 그려 넣었다. 명문가의 자제
였으나 포천에 은거하며 학문에 전념했던 삼연 김창흡도 풍
광에 취한 시심을 『삼연집』에 적어 넣었다. 박세당의 『서계집
(西溪集)』과 1797년에 2년간 포천 현감을 지낸 박제가는 자신
의 문집인 『정유각집貞蕤閣集』에, 면암 최익현의 스승 이항로
(1792~1868)는 『화서집(華西集)』에, 이외에도 많은 시인 묵객
들이 화적연에 대해 읊었고 단릉(丹陵) 이윤영(1714~1759)과

136

남종화의 대가 정수영 또한 화적연을 그렸다.

> 높은 바위 거기 솟구친, 매가 깃드는 절벽이요
> 휘도는 물굽이 그리 검으니, 용이 엎드린 못이로다
> 위대하구나 조화여, 감돌고 솟구치는 데 힘을 다했구나
> 가뭄에 기도하면 응하고, 구름은 문득 바위를 감싼다
> 동주 벌판에 가을 곡식 산처럼 쌓였네

> – 김창흡, 『삼연집』, 「화적연」

물처럼 당신도 쉬어 가세요

물은 바위를 넘지 않는다. 바위를 에돌아가며 대신 바위의 높이만큼 깊은 소(沼)를 만들었다. 화적연 초입부터 간간이 남아 있는 개흙이 지난 장마의 흔적이었지만 높이 13m에 이르는 화강암 마당바위를 통째로 담은 연못은 잔잔했다. 강원도 평강 분수령에서 발원하여 철원평야를 거치는 동안 숨 가쁘게 달려왔던 물줄기들은 이곳에서 너른 바위를 만나 잠시 쉬어 간다. 임진강 본류와 만나기 위해선 다시 수백 리를 가야한다. 나는 물길이 만들어 낸 얕은 모래 언덕을 내려와 바위와 마주한 못의 깊이를 헤아리며 바위가 생긴 이래로 찾아들었던

여름 화적연 화적연 바위 아래서 기우제를 지내면 비가 내렸다. 조선 시대 손꼽는 기도처이자 풍류 화객들의 단골 소재였던 화적연. 특히 겸재 정선과 남종화의 대가 정수영의 작품이 유명하다. 바위와 물결의 풍광에 취한 많은 시인 묵객들이 글과 그림을 남겼다.

수많은 이들의 흔적을 생각한다. 오래전부터 한여름의 어느 해, 한낮이면 물장구를 치는 동자들이 다시 바위 위로 올라 못으로 뛰어내리며 깔깔거렸고 저녁 무렵엔 삽을 씻으러 온 농부가 모래 둔덕에 걸터앉아 내일의 계획을 세웠다.

•••• 나도 오래된 사람들의 강가에 앉아 일상을 벗어 놓으며 물과 함께 쉬어 가려 합니다. 그러나 내가 뱉어 냈던 지금까지의 숱한 말들은 화적연의 심연에 닿지 못하고 하늘보다 푸른 물길만 나의 얕은 언어들을 주워 담아 화적연 아래 적벽으로 흐릅니다. 햇살이 바래고 서편으로 기울며 쉼을 재촉합니다. 지금은 저녁으로 가는 어스름의 시간. 침묵보다 가치 있는 무언가를 찾아야 할 때이나 침묵보다 아름다운 말을 찾을 수 없습니다. 그저 화적연 그 물가에 아른거리는 돌탑의 기도를 듣습니다. 나의 사소한 것들도 때로는 저 바위처럼 아름다워질 때가 있기를 묵언으로 기도하며 하루를 돌아섭니다.

화적연은 한탄 8경 중 3경으로 국가 지정문화재 명승 제93호로 지정되어 있습니다.

13

금수정
금수정에서 만나는 사람들

2,500년 전 중국 산동성 곡부에 자리를 튼 공자학당의 주요 과목은 예(禮), 악(樂), 사(射), 어(御), 서(書), 수(數)였다. 가르침에는 순서가 있었다. 이 여섯 가지 덕목 중 서너 가지만 갖추어도 군자에 이를 수 있는 것이 아니라 그중에 으뜸인 예나 악을 먼저 갖추지 못하면 나머지를 통달한다 해도 큰 성취를 이루기 어렵다는 의미로 해석한다.

우리들의 빈 가슴엔 무얼 채울 수 있을까. 부질없는 세상 걱정을 해 보자면 '욕망하는 자 무죄'라는 면죄부를 깃발처럼 앞세우고 더 많은 돈을 찾아 두리번거리는 군상(群像)의 행렬들이 이제는 두려워진다. 아파트다, 부동산이다, 가상화폐에 일일 주식 동향 같은 셈[書]에 더없이 촉각을 곤두세우고 인서울이네, 스카이네 불야성을 이루는 입시학원에, 인생 초장부터 아이를 영재로 만들려는 젊은 부모들이 유치원에 줄을 설만큼 학벌[書]에 목매다니 예의(禮義)는 깊숙이 감추고 악(樂)은 베짱이들의 게으름으로 치부하며 오직 서(書), 수(數)로만 정진해 온 일등주의의 적자들에게 미래를 기약하는 것은 타당한가를 질문해 보게 된다. 그래서 이곳에 오면 나름 쓸모 있는 다짐을 하게 되는 것이다. 금수정(金水亭).

초봄의 싸한 바람이 얼음을 녹이면 동토에서도 흐름을 멈추지 않았던 여울의 물안개가 바위틈을 무심결에 지나가는 곳. 목단이 피었다가 떨어지고 철쭉이 외로운 향기를 다할 때면 백운산의 기개를 담은 영평천 물줄기가 폭풍처럼 휘돌아가며 수선조(水仙調, 거문고의 명인 백아의 주요 레파토리)를 울리는 곳. 봉래 양사언의 단아한 해서체 현판에 가을빛이 물들거나 설눈이 흩날리면 초야(草野)에 묻혀 한 생을 놀다간 이들이 있는 그곳, 금수정의 묵객들이 그리워지는 것이다.

안동김씨 세천비에서 금수정으로 가는 계단 옆에 '금대(琴臺)'라는 암각이 새겨져 있다. 세월이 흘러 글씨가 흐려진 탓에 '취대(醉臺)'라고 읽기도 했던 너른 바위이다. 거문고를 뜯고 듣기에도, 술잔을 주고받기에도 더없이 좋은 곳이다. 청아

한 거문고 소리에 취하지 않고는 못 배기는 곳이니 어떻게 읽어도 상관은 없다. 이 글씨는 거문고의 명인으로 금수정의 주인이었던 김윤복의 작품이다. 진사시에 올랐으나 벼슬을 마다하고 평생을 이곳에서 보냈다. 그의 호는 금옹(琴翁).

산 그림자가 강물에 흔들리는 저녁이면 그의 거문고 소리를 청하러 달빛이 고개를 내밀었을 듯하니 그는 영평의 백아(伯牙, 중국 춘추시대 초나라의 악성, 백아절현伯牙絶絃의 주인공)였음에 틀림없다. 금옹 김윤복이 백아라면 그의 음악을 알아주는 종자기(鍾子期)는 봉래(蓬萊) 양사언(楊士彦, 1517~1584)이었다. 봉래의 시향과 묵향에 반한 금옹은 그에게 딸을 혼인시켰고 아예 정자도 넘겼다. 봉래는 장인의 금향(琴響, 거문고 소리)을 기리며 「증금옹(贈琴翁)」이란 시를 지어 화답했다. 시의 암각은 금수정 아래 연화암에 양사언의 초서 친필로 새겨져 있다.

贈琴翁琴翁錦水亭主人世刻此始於尊巖(중금옹, 금옹, 금수정주인세 각차시어준암) 금옹께 드림. 금옹은 금수정의 주인이다. 이 시를 준암에 새긴다

綠綺琴伯牙心(녹기금백아심) 거문고를 타는 백아의 마

음은

鍾子期始知音(종자기시지음) 종자기만 알아듣는다오

一鼓復一吟(일고부일음) 한 번 타며 또 한 번 읊조리니

冷冷虛籟起遙岑(냉냉허뢰기요잠) 맑고 맑은 바람 소리
먼 봉우리에 일고

江月娟娟江水深(강월연연강수심) 강과 달은 아름답고
강물은 깊어라

– 봉래 양사언

예와 악으로 주유인생 (周遊人生)

금수정을 휘도는 영평천 일대는 가히 암각 공원이라고 해도
좋을 만큼 글씨가 많다. 조선 4대 명필 한호 한석봉은 곧은 해
서체로 '동천석문(洞天石門)'을, 중국에서 사신으로 온 허국은
'회란석(廻瀾石)'을, 옥동 이서는 '백운루(百雲樓)'를 각자의 필
체로 남겼다. 석벽 바위에 새긴 '무릉(武陵)'이란 글씨는 작가
를 찾기 어렵다. 강 복판에 '붉은 옥 섬'이란 뜻을 가진 '경도
(瓊島)'도 마찬가지인데 양사언이 큰 글씨 초서의 대가이니 당
연히 그의 글씨로 알았으나 연구자들은 양사언 사후 200여 년
뒤에 안동김씨 후손 김택인이나 철원부사를 지낸 김화의 작품

일 가능성을 점치고 있다. 양사언이 쓴 준암(尊巖)과 금수정을 포함한 대부분의 글씨는 자세히 들여다봐도 해독이 어려울 만큼 흐릿하지만 경도만큼은 영평천의 물길을 닮은 수려함으로 뚜렷하고 꼿꼿한 초서의 품위를 지키고 있다.

고려 말 문신 김구용의 아들 김명리가 세운 이곳의 이름은 우두정(牛頭亭)이었다. 지형의 생김새가 소머리를 닮아서였다. 지금의 금수정(金水亭)은 200여 년 뒤에 손자사위인 봉래 양사언이 개명한 이름이다. 우두정 시절부터 금수정까지 이곳을 다녀가며 기록으로 남긴 조선의 문사들이 60여 명이 넘는다. 포천이 외가였고 사후 용연서원에 배향된 오성과 한음의 이덕형, 근처 창수면에서 은거하며 말년을 보낸 사암 박순, 『지봉유설』의 이수광, 『홍길동전』의 허균, 『성호사설』의 이익 등이 그들이다. 『북학의』를 지은 실학자 박제가(朴齊家)는 영평 현감(1797년 9월~1880년 8월)을 지낼 당시 절친 정약용과 함께 종두법을 연구해 처음으로 시술했으니 당연히 금수정에 올라 시름을 달랬을 것이고 포천에 은거하며 그와 뜻을 같이 했던 벗들 이서구, 유득공, 그리고 무사 백동수 등이 영평천에 발 씻으며 나라 걱정을 했을 것이다.

여기서 잠깐 들었던 이야기 하나. 덴마크 코펜하겐의 직장인들 중에는 승진을 거부하고 평사원으로 정년을 마치는 사람들이 꽤 있다고 한다. 높은 자리에 오르면서 부여받는 명예와 권력보다는 감당해야 할 책임의 무게로 인한 스트레스가 자신의 삶을 방해한다고 여기기 때문이란다. 참 속도 좋은 사람들이다. 은근 부럽기도 하다. 이야기 둘. 중국의 명(明) 말, 청(靑) 초의 학자 고염무는 청 순조(순치제)의 거듭되는 출사 요구를 거절하며 이런 구절을 남겼다.

"나에게는 스스로 죽을 칼과 밧줄이 있으니 나의 죽음을 재촉하지 마시오."

금수정으로 엮인 사람들은 대개 벼슬을 멀리하며 자연과 더불어 살았거나 평생을 지방관으로 돌았거나 나랏일에 대한 뜻은 있으되 펼치지 못했었거나 일인지하 만인지상의 자리에 올랐지만 정쟁의 희생자가 되어 낙향했던 사람들이었다. 고 관대작의 자리라는 게 언제든 목숨이 달아날 형벌의 도구라는 것을 몸소 체험한 이들도 있다. 금수정의 고즈넉함과 영평천의 맑은 물을 거닐며 그들은 생의 고귀한 시간들을 보냈을 것이다. 이들의 삶을 가늠하기는 어렵지만 확실한 한 가지, 그들은 영평천 물의 무게를 셈하지 않았고 햇살의 강도나 나뭇잎의 개수 따위를 헤아리지 않았다. 다만 스스로가 자연이 되어 자연의 울림에 예나 악을 보태며 시절을 살았었다.

금수정 한 획은 가을빛을 또 한 획은 설눈이 흩날림을, 다시 한 획은 초야(草野)에 묻혀 한 생을 놀다간 이들의 무욕의 삶을 그린 봉래의 붓끝은 금수정에서 빛난다. 한겨울 물살이 뜸해질 때면 물속에 잠겼던 영평천의 기암(奇巖)들이 모습을 드러낸다. 바위 위에 새겨 놓은 주유 인생의 글씨들이 한겨울을 빛낸다.

•••• 정과 망치 하나 들고 바위와 씨름하는 게 어디 쉬운 일인
가요? 몇날 며칠 바위에 앉아 글자 새기는 일만 하고 있었을 그
이들을 생각하면 웃음이 나오기도 합니다. 천하의 명가수도 술
취해 노래를 부르면 고성방가가 되고 천하의 명필도 남의 집 벽
에 글씨를 쓰면 낙서가 되는 시절이니 지금이라면 상상할 수 없
는 일이어서 다가서면 다가오는 그이들의 문향이 고맙기도 합
니다.

금수정과 영평천에 있는 암각을 다 확인하시려면 꽤 복잡한
과정을 거쳐야 합니다. 바위 밑 수로를 따라가야 하는 위험을 감
수해야 하고 물길 속으로 걸어 들어가야 할 수도 있습니다. 그러
니 정자에 앉아 공상을 하시거나 적당한 거리에서 사진을 찍으시
거나 산책을 하시거나, 사실 아무것도 안 하는 게 제일 좋습니다.
그저 눈에 보이는 것들만 멍 하니 바라보고 있어도 충분합니다.

입구는 잘 찾으셔야 합니다. 네비게이션을 너무 믿으면 엉뚱
한 길로 갈 수 있습니다. 금수정 입구에는 안동김씨 문온공파 종
택이 있습니다. 중수에 중수를 거쳤으나 전쟁의 화마를 피하지는
못했지요. 한국전쟁 때 소실된 것을 2008년에 복원했습니다. 경
기도 문화재 자료 제138호입니다. 금수정도 전쟁 때 무너지긴 매
한가지였습니다. 1986년에 포천시에서 중건했고 향토 유적 17호
로 지정했습니다. 금수정 정원에는 척약재 김구용 선생의 시비가

있는데 그분이 문온공입니다. 고려시대 문신 목은 이색과 포은 정몽주의 시비도 있는데 같은 시대 문온공과 정분을 나누었던 분들을 기리기 위해 안동김씨 후손들이 세운 것입니다.

····· 더 보기 : ···

옥병서원 : 청백리 사암 박순을 배향한 곳

조선 전기 문신으로 퇴계 이황을 사사(師事)했고 사림운동에 전력을 다했던 사암 박순(1523~1589)을 배향한 곳이다. 박순은 1572년 우의정에 오른 후 정승을 약 15년, 그중에 영의정을 7년 지냈으며 청백리로 녹선(錄選)되었다. 그는 관직에서 물러나 포천에 은거했다. 서원은 1658년 (효종 9)에 세워졌고 후에 이의건과 김수향을 추가로 배향하였다.

14

포천성당
삶으로의 초대를 위하여

1990년 7월 11일 성당의 스테인드글라스 유리창으로 불빛이 번지기 시작했다. 불길이 건물 위로 치솟았을 때 한 사내가 서둘러 성당의 집기를 밖으로 옮기는 모습을 새벽 미사를 준비하러 나온 수녀님이 발견했다. 몹시 초췌했고 몹시 서둘렀다. 그가 먼저 옮긴 짐은 의자와 화분들이었다. 그가 다시 성상(聖像)을 찾으러 불길 속으로 들어가려는 것을 수녀님이 고함을 지르며 가로막았다. 그의 몸에서는 술 냄새가 났고 성당은 순식간에 불탔다. 양철로 올려놓은 지붕과 종탑은 물론 오르간과 제대(祭臺), 그리고 성모상과 십자가까지 탈 수 있는 모든 것들이 재로 변했다.

그는 포천 관인 사람 김씨(36세)였다. 공직 생활을 그만두고 양돈 사업에 손을 댔다. 이미 1987년에 돼지고기 통조림 수입이 자유화되었고 시장의 50%를 잠식한 상태에서 1990년 1월 햄과 소시지등 육가공 품목까지 개방한 상태였다. 카길 (Cargill)과 아처 대니얼스 미들랜드(ADM) 등이 주도하는 국제 곡물 시장 가격의 폭등으로 국내 농가들의 양돈 포기가 줄을 이었다. 그는 생명줄이었던 양돈 사업에 실패했고 모아두었던 모든 재산을 날렸다. 남은 것은 술에 취해 망각하다가 원망하다가 결국 기도하는 일뿐이었다.

그가 언제 성당에 들어왔는지를 알려주는 자료는 없다. 다만 그는 어두운 성당에 혼자 앉아 자신이 밝혀 놓은 작은 촛불에 의지해 기도하다가 곧 잠이 들었다. 소방대원들과 구급차가 출동했고 불은 꺼졌다. 그리고 그는 경찰에 인계됐다. 그의 죄는 거기까지였다. 성당이 불탄 다음 날 새 성전 건축 논의가 시작되면서부터 그 성당의 어느 누구도 그의 죄를 탓하지 않았다.

서울대교구 소속으로 의정부 본당의 공소들이 산재해 있던 포천에 성당이 생긴 건 1956년 2월이다. 포천 관내에 있는 당시 6군단장 이한림이 성당 설립을 주도하고 실행했다. 익명의 독지가가 왕방산 자락에 포천 일대가 두루 보이는 땅

3,300㎡를 기증했고 1955년 7월 6군단 126공병대대가 동원되어 공사를 시작, 그해 11월에 완공했다. 일대의 화강암들을 모아 지은 석조건물로 설계는 공병대대의 대위가, 석축은 서울의 기술자들과 병사들이 쌓아 200㎡의 중세 고딕풍의 아담한 기도처를 완성했다.

1955년 12월 10일에 교황사절인 토머스 퀸란 주교의 집전으로 준공식을 거행했고 이듬해 2월 본당으로 승격되었는데 당시의 신자수는 297명이었다. 이한림 장군은 1952년엔 휴전회담 한국군 수석 대표를 맡았으며 1957년 육사 교장을 지낸후 5·16 쿠데타 세력에 의해 1961년 육군 제1군사령관을 강제 퇴위하면서 군 생활을 마감했다. 이후 1970년 경부고속도로 개통 당시 건설부 장관으로 박정희 대통령과 나란히 테이프를 끊었고 관광공사 사장과 외국의 대사 등 요직을 두루 거쳤다. 그는 해방된 해 12월 5일 육군영어학교 1기생으로 입교하여 이듬해 2월 26일 국방경비대 참위(소위)로 임관, 자유당 정권과 5·16 군사 정변 때는 군의 정치적 중립을 위해 핍박받았으니 대한민국 창군의 주역, 참 군인의 표상으로 칭송받는 삶을 살았다. 그는 독실한 가톨릭 신자였다. 조선 최초의 영세자이자 신유박해(1801)로 순교한 이승훈 베드로의 방계 후손으로 집안이 대대로 신앙의 전통을 지켜 왔다.

포천성당 경기도 포천시 왕방로 191에 있는 포천성당. 천주교 춘천교구 소속으로 1956년에 독실한 가톨릭 신자였던 이한림 장군의 주도로 세워졌다. 이곳에서 멀지 않은 곳에 홍인 레오의 순교터가 있다. 어느날 문득 마음을 가다듬고 가난한 순례자가 되어 들러 보자. 설령 당신의 기도가 당신의 사심을 채우기 위한 일이라 해도 성당은 당신을 품을 것이니. 비가 오거나 눈 내리거나 꽃이 피거나 꽃이 지거나 아무 때라도 성당은 그리 할 것이다.

그러나 창군 당시 주요 인사들이 대부분 그렇듯이 그도 만주군 출신이었다. 박정희와는 신경 군관학교 동기생으로 일본육사에도 함께 진학했고 해방 전까지 일본군에 복무했다. 천황(天皇)이라는 다른 신을 섬긴 적도 있었다. 그의 세례명은 하느님을 모시는 시종 가브리엘이었는데 포천성당 준공 당시 자신의 세례명을 성당의 종탑 아래 새겨 넣었다.

"순교자의 땅, 순교자의 땅"

1984년 5월 3일 역대 교황 중 최초로 한국을 방문한 요한 바오로2세가 김포공항에 도착했다. 비행기 트랩에 내리자마자 그는 두 무릎을 꿇고 땅에 입을 맞추었다. "순교자의 땅, 순교자의 땅" 그가 읊조린 나지막한 이 한마디는 수많은 박해와 핍박을 이겨내고 천주의 세상을 갈망했던 조선 순교 성인들에 대한 존경과 감사 의례였고 당시 170만 천주교인들의 마음을 흔들었다. 5월 5일 여의도 광장에서는 순교로 신앙의 뿌리가 된 103위의 시복 시성식이 요한 바오로2세의 주재로 열렸다. 바티칸 교황청이 아닌 곳에서 열린 최초의 사례였다. 한국은 외국 선교사의 파송과 전교(傳敎)에 의지하지 않고 자생적인 희생으로 천주교 신앙을 세운 세계에서 유일한 나라다.

신유박해로 순교한 정약종 아우구스티노 4형제의 막내 동생이 다산 정약용이다. 다산의 매부가 조선 최초로 영세를 받은 이승훈 베드로이고 이승훈의 누이동생은 다산의 며느리가 된다. 남인 실학의 대가 성호 이익의 종손 이가환은 이승훈의 외삼촌이고 약종 형제의 맏형이 정약현인데 약현의 사위는 16세에 진사시에 급제한 신동 황사영 알렉산드로이고 처남이 광암(廣巖) 이벽이다. 이벽의 스승은 녹암 권철신 암브로시오이고 동생이 일신 프란체스코 하비에르이다. 조선 천주교사에 길이 남는 이름들이다. 이들의 중심에 이벽 요한이 있었다.

그는 홀로 길을 나선 순례자. 아기예수를 찾은 동방박사는 별빛의 인도를 받았지만 그가 걸었던 순례의 길에는 한 줌의 빛도 존재하지 않았다. 그럼에도 그는 매부의 동생들인 정약전 3형제를 입교시켰고 북경에 가는 이승훈에게는 반드시 영세를 받아오도록 권면했다. 1779년 그 유명한 천진암 강학회를 통해서는 철저한 유교 실학으로 무장된 그의 스승과 학문의 벗들에게 천주학의 타당함을 설파했다. 천주교에서는 이 모임을 자생적 신앙운동의 모태로 본다. '천학총림(天學叢林)'으로 일컬었던 한국 천주교 최초의 신앙 공동체가 경기도 광주 천진암에서 한양의 수표교로 근거지를 옮긴 뒤에는 권철신·권일신·정약전·정약종·정약용·이윤하(李潤夏) 등 남인 양반 학자들과 중인 역관 김범우 토머스 8형제를 포함해

많은 서얼, 노비, 일부 부인들이 세례를 받았는데 그곳이 이
벽의 집이었다. 그 자신도 거기서 이승훈에게 세례를 받았다.
후에 이 모임은 경주이씨 양반인 이벽의 집에 남녀노소 반상
의 구별 없이 드나드는 것을 이상히 여긴 주위의 시선을 피해
중인인 김범우의 명례방으로 옮기게 되고 후일 이 터가 명동
성당이 된다.

이벽(1754~1785)은 포천시 화현면 화현리 543-1번지에서
태어났고 그곳에서 죽었다. 을사박해(1785, 을사 추조적발 사건)
로 신앙의 동지들이 죽었던 해였다. 당시 천주쟁이가 된다는
것은 권세가도를 달리던 양반의 지위마저 박탈될 만큼 위험한
일이었다. 대대로 무반(武班)으로 이름이 높았던 경주이씨 집
안의 몰락을 걱정한 아버지 이부만(1727~1817)은 그에게 감
금벌을 내렸고, 아사벌(餓死罰)을 내렸고, 그래도 죽지 않자
음독벌. 결국 질식벌을 내렸다. 1785년 음력 6월 14일 밤이었
다. 그는 포천 화현의 집안에 감금된 뒤 14일 동안 이 참혹한
벌들을 다 받고 죽었다. 가문의 멸문지화를 막기 위한 유일한
조처를 내린 그의 아버지는 사도제자에게 아사벌을 내린 영조
의 심정으로 서른 두 해를 더 살았다.

이벽의 묘지는 경주이씨 선영의 구석 자리에서 아무도 돌
보지 않는 폐묘된 상태로 1979년에 발견됐다. 무덤이 생긴 지

195년 만이었다. 다행히 천주교의 성조를 찾아 나섰던 사제들의 노력이 있었다. 천진암으로 이장(移葬)하는 과정에선 비용이 문제였다. 전국의 성당에 공문을 보내 협조를 요청했지만 여의치 않았다. 그의 이장 일정은 두 번씩이나 연기되었다. 그는 1984년 시행된 103위, 2014년 프란체스코 교황 방한 시에 거행된 123위 시복 시성에 오르지 못했다. 순교자라는 거룩한 이름조차 그에게는 어울리지 않는 일이었으므로 그의 끝나지 않은 순례길은 여전히 고독하다.

그러나 그가 죽음으로 뿌린 신앙의 씨앗은 바람처럼 흩어져 전국 곳곳에 뿌리 깊은 나무로 우뚝하고 그는 학업과 수도에 열중하며 신앙을 함께 나누었던 천진암 성지에서 귀한 벗들인 정약종, 이승훈, 권철신, 권일신과 함께 천국의 시민으로 살고 있다. 포천 화현리 이벽의 생과 사가 녹아 있는 마을엔 그가 빛으로 있어 더 이상 고독하지 않은 순례의 행렬이 이어지고 가까운 일동성당에는 그의 흉상이 모셔져 있다.

삶으로 오라

포천성당에 들어서면서 애써 안타까움을 감출 필요는 없다. 불에 탄 자리가 풍성할 리는 없다. 그러나 불탄 자리이어야만 튼튼한 새순이 돋는다거나 바닥을 친 사람만이 정상에 도달

순교현양비 5일장이 서는 포천천의 가장자리에 순교복자 홍인 레오와 아버지 홍교만 프란치스코 하비에르의 순교현양비가 있다. 아버지는 신유박해 당시 서대문 밖에서, 아들은 현양비가 서 있는 포천천의 모래사장에서 순교했다.

할 수 있다 따위의 괜한 수사도 떠올릴 필요는 없다. 다만 기도할 수 있는 가난한 마음 하나만 있으면 된다. 신 없이 살아도 좋다고 자부하는 이도 신 없이 죽을 수 있다고 공언하는 이도 모두 상관없다. 그이들에게도 외로움이라는 삶의 그늘은 존재할 테니까. 이생의 모든 기도는 외로움의 다른 표현이다. 사랑하는 만큼 외로워진다. 사랑 없이 살 수 있는 이는 기도도 필요 없겠지만 그런 류의 인간을 조물주는 창조하지 않았다.

나는 어릴 적 기억을 안고 성당 언덕을 오른다. 내가 다녔던 초등학교가 바로 성당 아래 있다. 성당 앞마당은 널찍해서 방과 후 친구들과 말뚝박기 같은 놀이를 했고 성당 안에도 살짝 들렀던 어렴풋한 기어이 있다. 자주 들르지는 않았지만 포천에서 천주교 성당은 누구나 다 아는 곳이었다. 나의 기억이 쪼그라들었을까. 학교 뒤 언덕 위에 있어 늘 우러러보던 거대했던 성당 건물이 너무 작은 데에 놀란다. 약 60여 평. 좀 산다는 사람들의 집 한 채 넓이도 안 되는 곳에서 200여 명이 넘는 사람들이 수십 년간 기도를 드렸다. 그 넓었던 성당이 좁게 여겨지는 것은 순전히 세월 탓이다.

이곳에서 멀지 않은 포천 저잣거리에서 홍인 레오는 순교(1801, 신유박해)했다. 그는 한 평도 안 되는 넓이의 땅에서 문초를 당했고 고문을 당했고 목을 떨구었다. 그로 인해 신앙의 모범을 얻은 수많은 이들의 가슴도 채 한 평이 안 된다. 나는 이 작은 성당에서 모든 것이 한 평이면 족할 일인데도 괜한 욕심으로 세월만 축내고 있다는 자책을 느낀다. 불에 탄 서까래의 잔해가 성당의 구석에 있고 그 옆에 쭈그리고 앉는다. 불 탄 마루를 걷어낸 바닥엔 먼지가 쌓여 있다. 굳이 치우지 않는다. 먼지 또한 역사이다.

포천에서 가톨릭의 역사는 홍인 레오(1758~1802)와 아버지 홍교만 프란치스코 하비에르(1738~1801)로부터 시작된다. 1791년경 고종사촌 권철신으로부터 교리를 배운 홍교만은 아들에게 전파했고 이에 열심이었던 아들은 아버지를 입교

포천성당 성전 1956년 세워진 포천성당이 1990년 7월에 한 신자가 촛불을 켜놓고 기도하다 잠든 사이에 불이 났다. 불탄 흔적을 고스란히 담고 있는 성당에 들어서면 그저 무릎 꿇고 무엇이든 용서를 구하고 싶은 당신을 발견하게 될 것이다.

시켰다. 부자는 포천을 중심으로 포교 활동에 전념했고 신유박해의 형벌을 피하지 못했다. 그들은 죽음 앞에 비겁하지 않았다. 아버지는 1801년에 서소문 밖에서, 아들은 이듬해 1월 31일 포천에서 순교했다.

•••• 역시 불에 그을린 흔적이 있는 성당의 창문으로 햇살이 들어오고 거기에는 흰옷을 입은 마리아가 십자가에 매달린 예수를 등지고 서 있습니다. 아들의 죽음을 등 뒤에 두면서도 한 치의 오차도 두지 않고 평생을 함께 사는 어미의 외로움 앞에 문득 무릎을 꿇고 싶어집니다. 홍교만, 홍인 부자의 외로움 또한 다르지 않았을 것입니다. "그대 울지마라 외로우니까 사람이다"(「수선화에

포천성당 제대 앞에서 성모 마리아상으로 비추는 저녁 햇살을 뒤로 하고 관객 없는 노래를 불렀다. 가끔씩 하느님도 외로워서 눈물을 흘리신다는 대목을 부르면서는 혼자 울컥하기도 했다.

계」, 정호승 프란치스코 시, 이지상 곡). 떨리는 목소리로 노래를 불러 봅니다. 작은 성당의 깊은 울림은 나의 세포 속에 숨어 있는 모든 외로움을 낱낱이 찾아내어 고백하게 하는 성스러운 의식의 주관자입니다.

죽음 앞에 더없이 외로웠으나 당당했던 그들 앞에 나의 외로움을 토해 내는 일이 한없는 위로가 되는 시간. 산 그림자도 외로워서 하루에 한 번씩 마을로 내려오고 새들이 나뭇가지에 앉아 있는 것도 종소리가 울려 퍼지는 것도 그리고 가끔씩은 하느님도 외로워서 눈물을 흘리신다고, 시인 정호승은 노래합니다. "나를 따라 삶으로 오세요." 창문에 스며들어 십자가를 비추는 한줌 햇살에 눈길이 닿으면 그 성당 안에서는 모든 것이 기도가 됩니다.

포천성당은 2006년 9월 19일 국가 지정 등록문화재 271호로 지정되었고 순교자 홍교만, 홍인 부자는 2014년 8월 16일 서울 광화문 광장에서 동료 순교자 123위와 함께 시복되었습니다.

15

작은 책방 무아의 계절
초록으로 가는 길목, 연둣빛 시집

연두였다. '거기까지만 거기까지만' 다른 구절은 생각이 나질 않았다. 오직 '거기까지만'. 넘지 말아야 할 선도, 딛지 말아야 할 길도 없다고 호기를 부리던 시절은 지났다. 한 시대를 건너 간다는 게 어쩌면 새로운 가치를 만나는 일이 아니라 한때 중 요했던 것들이 사라지는 것이라는 걸 감지하는 만큼 꼭 그만 큼 내 어깨도 쪼그라든다는 걸 알 수 있었다. 흑이나 백처럼 선명한 색깔로 살고 싶었다. 난설(亂雪)에 뒤덮인 바다 같은, 양귀비까지는 아니더라도 오월의 칸나와 장미 같은 빛깔이 내 인생의 종착지이기를 바랐으나 나의 삶은 언제나 환절기 아니 면 과도기였다. 정희성의 시를 읽은 뒤였다. "거기까지만 거

기까지만"을 낭송하는 시인의 낭랑한 목소리가 들리는 듯했다. 마침 시의 제목도 '연두'였다

그래서 오늘은 연두. 꽃비를 뒤로하고 초록으로 가는 길목, 꽃을 버린 뒤에야 피어나는 과도기의 찬란한 연두를 만나기 위해 길을 나선다.

봄도 봄이지만
영산홍은 말고
진달래 꽃빛까지만

진달래꽃 진 자리
어린잎 돋듯
거기까지만

아쉽기는 해도
더 짙어지기 전에
사랑도

거기까지만
섭섭기는 해도 나의 봄은

거기까지만

– 「연두」, 정희성, 『흰 밤에 꿈꾸다』, 창비, 2019

문학서점 '무아의 계절'을 알리는 작은 입간판 아래 숨은 듯 연두가 피었다. 싹이 덜 핀 크루시아 이파리는 손톱만 한 연두, 겨울을 견뎌낸 무화과 화분엔 아기 주먹 연두가 열렸다. 어린 새싹들, 창백한 수피를 배경으로 돋아난 여린 잎들이 수시로 창문을 기웃거린다. 설렌다. 문을 열고 들어가면 그 안엔 초록으로 물들기에는 아직인 수많은 문장들이 기다리고 있다. 손님의 입장을 알리는 작은 풍경이 울리면 책방의 구석 어디쯤 커피향이 시작되는 곳에서 "어서오세요!" 소리가 들린다. 조용히 들렀다가 조용히 떠나기에는 책방이 너무 친근하다. 에스프레소를 주문하고 싶었으나 향이 과하다고 생각했다. 소담하게 진열된 책의 향기를 커피향으로 덮을 수는 없다. 함께 동행한 이는 마리아쥬 프레르를 마셨다. 책방과 가장 잘 어울리는 차를 마실 수 있어서 행복하다고 했다.

책방의 주인은 시인, 최승자와 황인숙을 좋아하고 보라색에 꽂힌 여자다. "보라색이라고 부르면 일상이지만 바이올렛 하면 좀 특별해 보이지요? 신경숙의 소설 제목에도 바이올렛

서점 무아의 계절 스스로를 찾고 싶었던 소망은 이름에 담았다. '무아(茂我)'는 '무성한 나'라는 뜻이다. 좋아하는 것들만 골라 차곡차곡 쟁여 놓는 자아의 창고로 서점을 택했다.

이 있구요." 썰렁하게 던진 나의 농담도 조용히 웃어넘기던 사람. 국문과를 나왔고 출판사를 다녔었다. 그리곤 훌쩍 산티아고 순례를 떠났고 아마도 그곳에서 인생의 방향을 바꾸었다. 그가 스스로를 찾고 싶었던 소망은 이름에 담았다. '무아(茂我)'는 '무성한 나'라는 뜻이다. 좋아하는 것들만 골라 차곡차곡 쟁여 놓는 자아의 창고로 서점을 택했고 그는 성장 중이다.

　시집이 빼곡한 2층에 올라가 책을 한 권 골랐다. 허수경의 시집엔 누군가의 손때가 묻어 있었다. 중간쯤을 무심하게 펼친 시집에는 '흑백사진 한 장'이라는 제목의 시가 있었고 잘 말라 탈색된 장미 잎 세 개가 끼워져 있었다. 허수경, 그는 이 세상의 모든 길은 위독하다고 했고 그런 세상 정들 것 없어 병하고 정들었던 시인이다. 그 지독한 연분(緣分)을 끊지 못하고 끝내 병과 함께 사라진 그이가 그가 남긴 시집의 책갈피 속에서 살고 있었다. 그이의 시편은 뾰족했고 선명했었다. 이 생에서의 삶도 시처럼 그랬을 것이다. 장미의 색은 옅은 분홍이었다. 봄바람 맞으러 가는 처녀의 하늘거리는 스카프 색깔이다. 또 다른 생에서의 삶에서 시인은 이 생과는 또 다른 고요로 물들어 있다.

　따지고 보면 무아의 계절 속에 있는 모든 책들은 작가들이 일생을 통해 남겨 둔 비밀의 정원이거나 영혼의 집이었다. 손님으로 온 나는 서점의 한 켠에서 가볍거나 혹은 묵직한 작가들의 집을 엿보고 있는 것이다. 장미 이파리가 있는 허수경의 시집을 사고 싶다고 했다. 두 번을 재차 물었으나 주인은 팔지 못하는 책이라고 했다. 안 파는 책이 아니라 팔지 못하는 책. 내가 사야 할 이유가 있었던 것처럼 팔지 못할 이유도 있었을 것이다. 섭섭하기는 했다. 섭섭하기는 해도 '거기까지만'.

'이건 현실이지만 …… 멋지군'

1층 탁자 위의 눈에 띄는 곳에는 '만월의 책'이 전시되어 있다. 보름달 가득한 날 밤을 새워 읽어도 좋을 책 몇 권을 주인이 추천해서 매달 올려놓는다. 그중에 한 권을 집어 들었다. 황인숙이었다. "선량한 표정의 시인, 그녀의 완전한 독백을 엿듣고 싶어집니다." 빨간 책표지 앞에 손으로 써낸 주인장 시인의 엽서가 얹혀져 있었다.

책꽂이를 한참 두리번거린 뒤에야 '은월의 책'을 찾을 수 있다. 빛 하나 없는 그믐밤 보이지 않는 은하수를 찾아 나서듯 펼쳐보는 책이다. 역시 주인이 추천한 책들인데 예쁜 포장지로 둘러싸고 매듭까지 곱게 지어 놓았다. 어떤 책인지는 포장지가 열리기 전까지는 오직 주인만 안다. 책은 미리 주문한 사람들에게만 배달된다. 나는 주문을 하지 않기로 한다. 매달

책을 받아 열며 내게 생소한 작가라면 부러움을 느낄 테지만 나와 친분이 있는 작가라면 시샘을 할 게 뻔하기 때문이다.

주문이라는 낯선 단어를 잊고 비 오는 날엔 다시 와야겠다. 3층 탁자가 있는 바닥에 앉아 책꽂이에 등을 기대어 나처럼 연두를 찾아 설레는 마음으로 책방 문을 여는 풍경소리를 듣겠다.

라흐마니노프보다는 쇼팽의 음악을 올려 달라고 부탁하고 차는 책방 시인이 은월의 책을 골랐던 같은 마음으로 추천해 달라고 해야겠다. 사랑을 고백하기 위해 노팅힐의 여행 서점 문 앞을 서성이던 애나 스콧(Anna Scott, 영화 노팅힐의 여주인공)의 두려움을 상상하며 순박한 책방 주인 윌리엄 대커(Willam Dakker, 노팅힐의 남자 주인공)처럼 서글서글한 눈빛을 모아 책을 뒤적이다 보면 어느새 저녁이 될 것이다. 그사이 영화의 대사 하나를 마치 나의 것인 양 중얼거릴 수도 있다.

'이건 현실이지만 …… 멋지군'

• • • •　책방 시인은 뚜벅이입니다. 두 시간에 한 번 있는 버스를 타고 출퇴근을 합니다. 너무 늦게 문을 연다거나 일찍 문을 닫는다고 탓할 일이 아닙니다. 시인보다 먼저 책방에 닿거나 더 늦게까지 머물고 싶다면 책방 주변의 프로방스 마을을 산책해도 좋습니다.

목표는 성취하기 위해 설정하는 게 아니라 그 길에 서기 위해서 존재하는 거라고, 그래서 연두야말로 과정의 아름다움을 상징하는 가장 여린 빛깔이라고 여기신다면 어느 한 날 책방 문을 빼꼼히 열어 젖히셔도 좋습니다. 나는 아마도 책방 문을 열고 나서 목발을 짚고 3층까지 올라간 최초의 손님일 듯합니다. 그러니 책방 시인은 틀림없이 나를 특별하게 기억해 주실 겁니다. 그렇지 않다면 내가 마신 차 값을 안 받았을 리가 없습니다. 책방을 나오면서 만나는 구절이 또 있습니다.

'내가 좋아하는 것을 당신도 좋아한다면 여기서 만나요'

당연히 다시 만나겠지요. 초록으로 단풍으로 진화하지는 말고 연두만으로도 풍성한 무아(茂我)의 계절로 존재하기를 바라면서요.

16

국립수목원
비밀정원에 돌아가 새가 되어 울며 노래하리

비가 그치지 않아서 다행이었다. 우중 산책. 빗소리를 듣고
싶었다. 나는 소리에 지쳐 있다. 시도 때도 없이 머리를 흔드
는 이명 같은 음악 소리. 자동차 경적 소리. 카드 긁히는 소
리, 흥정하는 소리, 시비 걸고 다투는 고함 소리, 그리고 하루
종일 울려대는 TV 소리. 어떤 날은 오직 한 가지 소리에만 귀
를 열고 하나의 장면만을 바라보며 밀려오는 감정에 충실하고
싶은 때가 있다.

　　호수 위를 내려앉는 물병아리의 날개짓 소리, 이방인의 낯
선 기척에 놀라 공중으로 날아가는 산꿩의 홰치는 소리, 성당
의 저녁 종소리, 얼음장 밑의 여울 물소리, 바람 머금은 풀잎

소리, 파도를 그리워하는 소라 껍질 소리. 여잎에 고인 물방울 소리, 산사의 독경 소리. 눈먼 소경의 길 묻는 소리, 늙은 어머니의 기도 소리. 어떤 소리라도 좋지만 어떤 날엔 문득 빗소리, 숲으로 들어가는 길목에 서서 이제 막 초록으로 물들어 가는 가문비나무 이파리에 떨어지는 빗방울 소리만을 선명하게 들을 수 있다면 그 저녁 무렵의 한때를 나에게 선물하는 것이 사치일 수는 없다.

우산을 펼쳤을 때는 투명 우산 위로 떨어지는 빗방울 소리가 좋았다. 비는 그냥 맞아도 좋을 만큼 더듬더듬 떨어지는 가랑비였다. 숲은 먼저 너른 산책길 옆의 나무들로부터 들려오는 새소리를 선사했다. 종류를 구별할 수 없을 만큼 다양한 새의 울음은 드디어 내가 숲으로 들어왔음을 알리는 최초의 신호였다. 이제부터는 조바심 낼 일도 없이 걸으면 된다. 보고또 봐도 언제나 새로운 모습으로 채워질 숲이니 어차피 이 길은 끝없이 이어질 것이다. 이 숲에서 끝없는 방랑을 해도 좋다. 길을 잃을 염려는 없다.

드문드문 우산을 접은 아이들의 경쾌한 웃음소리가 들리면 그 소리를 뒤로 하고 작은 길로 접어든다. 여기부터는 나만의 길. 바람이 나무들을 흔들어 이파리에 머금고 있던 물방울을 쏟아낸다. 얼굴이 젖고 어깨가 축축해지는 게 여간 기분 좋

비밀정원 '가여운 내사랑 그 숲에 두고 왔네. 그대와 나의 숨결이 어린 깊은 그곳에' 육림호에서 내려오는 얕은 물줄기가 소박한 폭포를 만든다. 이곳에서 작은 소리로 노래를 부르면 반주하는 물소리가, 화음은 숲속의 새들이 맡는다. 사람이라면 아무도 들을 수 없는 숲속 콘서트. 시인은 시의 제목을 '비밀정원'으로 붙였고 나는 금세 그의 비밀정원에 자리를 잡은 세입자가 된다.

은 게 아니다. 바람이 잦아들면 언제 그랬냐는 듯 꿈쩍도 않는 나뭇잎에 손을 대 본다. 촉촉한 나뭇잎을 떼어 얼굴에 비벼볼까 생각하다가 멈칫한다. 이 숲에서는 사람 말고는 어느 누구도 함부로 나뭇잎을 꺾지 않는다. 육림호에서 떨어지는 물줄기가 작은 폭포를 만들고 여울을 가로지르는 나무다리 위에 서면 얕은 계곡의 바람에 어울리는 소리의 향연에 안도한다.

'가여운 내사랑 그 숲에 두고 왔네. 그대와 나의 숨결이 어린 깊은 그곳에' 시노래운동 나팔꽃의 동인으로 함께 활동하는 시인 정희성 선생이 보내준 시집을 탐독했다. 이 구절을 만나면서부터 흥얼거리기 시작했고 곧 노래가 되었다. 시인은 시의 제목을 '비밀정원'으로 붙였고 나는 금세 그의 비밀정원에 자리를 잡은 세입자가 되었다. 갓 태어난 노래는 어딘가에서 불려져야 했다. 바로 이곳이 제격이다. 조용히 노래를 부르면 턱 괴고 조용히 나의 소리를 경청해 주는 이의 모습이 된 이 숲의 나무와 풀들이 가득하다. 나는 청중이 된 그이들의 이름을 하나씩 불러 본다.

그 숲에 아름다운 이름들

물오리나무, 산가막살나무, 촛대승마, 갈참나무, 싸리, 함박꽃나무, 개선갈퀴. 금족제비고사리, 길골풀, 꿩의 바람꽃, 노랑물봉선, 며느리밑씻개, 술패랭이꽃, 느러진장대, 노루귀, 노루오줌, 너도방동사니, 피나무, 팽나무, 신갈나무, 다닥냉이, 쥐꼬리망초, 돌나물, 털개구리미나리, 떡갈나무, 들메나무, 눈비녀골풀, 도깨비부채, 황벽나무, 매화말발도리, 털사시나무, 물매화, 민둥뫼제비꽃, 비술나무, 하늘말나리, 바람하늘지기, 각시괴불나무, 복주머니난, 버드나무, 서어나무, 쉬나무, 쑥부쟁이, 올괴불나무, 선개불알풀, 숙은노루오줌, 기린초, 솔잎사초, 알록제비꽃, 개소시랑개비, 왕미꾸리광이,

바위채송화, 구상나무, 야광나무, 호랑버들, 오갈피나무, 은행나무, 갈매나무. 맑은대쑥, 졸참나무, 길마가지나무, 좁은잎배풍등, 참느릅나무, 층층나무, 개박달나무. 참개암나무, 참오동나무, 부처꽃 , 청사초, 꽃며느리밥풀, 초롱꽃, 타래난초, 다화개별꽃, 은방울꽃, 주걱개망초, 닭의덩굴, 털여뀌, 할미꽃, 패랭이꽃, 비솔나무, 풍게나무, 회화나무, 종비나무, 전나무, 황매화.

다시 바람이 불면 나뭇잎 부딪히는 소리가 처음 만나는 인연들과 익숙한 이름들이 한데 모여 살갗을 부비며 보내는 박수 소리 같다. 거기다가 가랑비 옷 젖는 소리까지, 가슴까지 벅차다. 오랜 세월 내가 만난 관객들은 모두 아름다운 마음의 소유자들이었다. 별것 아닌 무대를 큰 박수로 화답하며 별것으로 만들어 준 내 노래의 주인들이었다. 육림호 아래의 다리 위에서 만나는 관객들은 이 숲이 내게 주는 더없이 큰 선물이다. 대개 재산이란 움켜쥐고 놓지 말아야 자기 것이 되고 타인의 입을 많이 타는 이름들은 주로 질타의 대상이 되지만 노래는 누군가의 입을 통해서만이 존재를 인정받는다.

나만의 비밀정원에서 나만의 관객들과 함께 불렀던 짧은 노래는 내가 미처 눈 맞추지 못했던 곰개미, 남색하늘소, 다색줄풍뎅이, 먹가슴노랑잎벌, 파파리반딧불이, 톱사슴벌레들

국립수목원의 나무들 육림호를 지나 전나무숲으로 들어간다. 숨 틈에 서서 하늘을 바라본다. 국내 3대 전나무숲 중 하나인 이곳은 1927년 오대산에서 가져온 종자를 증식시켜 심었다. 나이가 오래된 나무에 기대면 절대 쓰러지지 않았던 어머니의 품에 안긴 듯 포근하다.

이 어울려 사는 이 숲이 기억해 줄 것이다. 반주는 찰랑찰랑 소리 내어 흐르는 계곡 물소리, 그리고 화음은 숲에 들 때부터 따라다녔던 꼬까참새, 종다리, 흰배지바귀, 노랑텃멧새, 메추라기와 아직 선잠에서 깨지 않은 솔부엉이, 올빼미, 두견이 그리고 철없이 먼저 나타난 귀뚜라미 들이었다.

500년 넘게 사람의 손을 타지 않은 숲

국립수목원은 52세에 세상을 떠난 세조의 무덤인 광릉의 부속림으로 조성됐다. 왕의 위엄이 살아있는 곳이니 사냥이나 벌목은 물론 풀 한 포기 마음대로 뽑을 수 없는 성역이었다. 일제강점기의 수탈도 피했고 한국전쟁의 화마도 비켜갔다. 1468년 세조가 이곳에 묻힌 후 지금까지 500여 년이 넘게 사람의 손을 타지 않은 국내 유일의 숲이다. 그사이 이 숲의 꽃들은 알아서 폈고 알아서 졌다. 나무는 쓰러져 땅속으로 스며들었다가 다시 씨앗으로 발아하기를 거듭했고 곤충이나 새들 포유동물들은 벌써 수백 수천 대를 이어가며 이곳에 살고 있다.

동서로 4km 남북으로 8km에 달하는 거대한 자연사 박물관인 수목원에는 장수하늘소, 하늘다람쥐와 잿빛개구리매, 붉은배새매, 검독수리, 황조롱이, 뜸부기, 크낙새, 까막딱다구리 등 20종의 천연기념물을 포함해 조류 166종, 포유류 29종, 곤충류 3,925종과 거미류 256종 등 총 4,376종의 동물들이 산다. 또한 자생식물만 해도 983종을 포함해 6,752종의 식물이 살고 있다. 우리나라에서 멸종위기에 처한 광릉요강꽃, 섬개야광나무, 섬백리향 등의 천연기념물들은 희귀 특산식물 보존원에서 따로 키운다.

육림호에서 사는 어리연꽃은 아직 꽃을 피우지 않았고 간간이 연못에 떨어지는 빗방울의 파문 사이로 잉어 떼가 풀썩거리며 파문을 더한다. 커피 향이 그리워지는 시간이다. 숲속 카페에 앉아 커피잔을 들고 있으면 수풀의 향내까지 몸속으로 스며든다. 전나무 숲으로 간다. 자생림에서 활엽수가 사라지고 침엽수만 남으면 활엽수 나뭇잎에 가렸던 햇볕이 땅속까지 비추게 된다. 그곳을 숨 틈이라고 부른다. 숨 틈이 있어 뿌리를 중심으로 지표면에 사는 식물과 곤충, 미생물의 지형도 서서히 바뀌며 진화해 간다.

숨 틈에 숨어들어 하늘을 본다. 작은 골방의 창문으로 들어온 손바닥만 한 햇살처럼 전나무 숲을 비집고 들어온 숨 틈 아래에서는 한숨 잠을 청하고 싶다. 잠깐 서 있는 사이 푸른 애벌레 한 마리가 신발 위로 기어올랐다. 너른 낙엽 하나를 주워 살짝 옮겨 놓는다. 국내 3대 전나무 숲 중 하나인 이곳은 1927년 오대산에서 가져온 종자를 증식시켜 심었다. 수령이 약 100여 년, 전나무 수명이 대략 500년 정도이니 앞으로 400년은 더 이 숲을 지킬 것이다. 고마운 일이다.

국립수목원 정문을 지나면 두 갈래 길이 나온다. 당신만의 비밀정원을 찾아내기 위해서라면 왼쪽 길을 숲의 비밀을 탐구하기 위해서라면 오른쪽 길을 택한다. 왼쪽으로는 숲 생태관찰로와 육림호 전나무 숲과 침엽수림이 있고 오른쪽으로는 난대식물 온실, 산림박물관, 양치식물원 등의 전시원들이 있다. 두 길 다 산책하기에는 그만이다. 그리고 한길로 계속 걷다 보면 같은 장소에서 만난다.

•••• 비는 그쳤고 날은 저물어 갑니다. 비밀정원 삼아 아껴 두었던 그 숲길, 우중산책의 힘으로 나는 다시 삶으로 돌아갑니다. 언젠가 나에게도 그리운 이별의 순간이 찾아온다면 그때는 이 숲의 청중들에게 못다 불렀던 마지막 구절을 읊조려 볼 생각입니다.

"가여운 내 사랑 그 숲에 머물렀네
그대와 나 슬픈 이별을 가슴에 묻어둔 채"

– 정희성 시, 이지상 곡

17

고모리 호수공원 · 김종삼 시비
남루해서 더 아름다웠던 그이

결국 계절은 기어이 오고야 만다. 뜬금없이 첫눈 내린다는 소식에 화들짝 놀라면 겨울이고 잔기침 쿨럭이는 소슬한 바람에 옷깃 여미기 시작하면 가을이다. 꽃길을 걸으며 꽃비의 향연에 넋 놓고 있다가 꽃구름 뒤에 숨은 햇살이 한낮의 뜨거운 태양이라는 수사로 표현이 되기 시작하면 여름인데 신기한 것은 계절이 바뀜을 알리는 소식을 대부분 뉴스를 통해서 듣는데 어색해하지 않는다는 것. 아나운서들의 계절을 부르는 멘트가 수십 년 바뀌지 않는데도 지루해하지 않는다는 것. 그리고 저마다 가슴속에 탄식 하나쯤 같은 어구로 읊조린다. "아니 벌써 세월이." 그렇게 올해도 어김없이 봄이 온다. 한 사람

고모리 호수공원 호변 둘레 산책길은 2.6km이다. 무장애길로 조성되어 있다. 호수에서 노니는 청둥오리의 속도로만 걷는다. 곳곳에 적혀 있는 시인들의 음성에 쉬이 발걸음을 옮기지 못하기 때문이다.

이 일생에 봄맞이 환영사를 쓸 수 있는 횟수가 많아 봐야 백여 번 언저리라는 생각이 들면 올해만큼은 내가 알고 있는 최대한의 헌사를 찾아 내게 오는 계절에게 드리고 싶다.

봄이 왔다. 어느 시인은 목련이 피었기 때문이라고 했다. 황사 먼지를 뒤집어쓰고도 기어이 피고야 만 저 꽃. 누군가의 아픔을 대신해 매 맞으러 피는 꽃, 골목 어귀의 하얀 목련꽃 몽우리가 단단해질 때쯤이면 복효근의 '목련에게 미안하다'를 읊조리며 행장을 서둘러야 한다. 만행(漫行)이어도 좋지만 조바심을 내도 좋다. 미세먼지나 황사경보 따위는 무시해도 괜찮다. 목련의 순백함이 불러온 봄을 찾아 나서는 길은 당신이 앞서 걸어야 할 꽃길의 서막인 것이다.

불현듯 봄맞이 객으로 고모리 호수공원을 찾았다가 김종삼의 시비(詩碑) 앞에 발길이 머문 당신은 행운아다. 남루했던 지식인, 소주 두 병을 일용할 하루의 양식으로 삼았고 시립병원을 전전할 만큼의 행려병자로 말년을 살았으나 누구에게도 삶을 외상 지지 않았고 결 고운 언어로 살았던 시인의 한 생을 만날 수 있기 때문이다. 시인이 딸아이의 소풍에 따라 나선 적이 있었다. 점심을 먹고 사라진 아버지를 어린 딸아이가 혼비백산하여 찾았는데 시인은 숲속에 넓적한 돌덩이 하나를 가슴에 얹고 잠들어 있었다. 왜 돌을 안고 잤느냐고 물었더니 시인이 웃으며 대답했다.

"하늘로 날아갈까봐"라고.

김종삼 시비에는 얽힌 사연들이 많다. 우선 시인을 흠모했던 명륜동의 카페 주인 박중식 시인의 공이 크다. 그가 갓 스물셋이었던 1978년 길음 시장의 한길에서 김종삼 시인을 우연히 만났을 때부터 김종삼 시인을 흠모하여 시 '가을날'을 가슴에 품고 있었던 문학청년이었다. 1984년 시인이 타계하고 나서는 '김종삼 시비 건립 추진 본부'를 꾸려 5년여 동안 수고를 마다하지 않았고 1992년 시비 건립기금 확보를 위한 39인 작품전시회의 중심에도 그가 있었다.

시비는 김시인이 타계한 지 9년 만인 1993년 12월에 세워졌는데 조각은 공간 디자이너 최옥영 교수가, 글씨는 한국서가협회의 박양재 선생이 맡았다. 시 '민간인'이 새겨진 하빗돌에 비해 '북치는 소년'이 새겨진 상빗돌의 길이가 훨씬 길다. 타원형의 화강암으로 된 김종삼 시비는 일반적인 상상으로는 표현하기 어려운 조형미로 대한민국의 시비 중 으뜸으로 친다. 화강암의 단단하고 거친 표면을 김종삼의 품성처럼 여리게 갈고 다듬어 새긴 민간인의 한 구절 한 구절은 돌의 무게보다 무겁다.

1993년 건립 당시 시비는 갈 곳이 마땅치 않았다. 수소문 끝

김종삼 시비 "하늘로 날아갈까봐." 김종삼의 시비 앞에서는 이 한마디를 읊조리는 것만으로 충분하다. "하늘로 날아갈까봐, 하늘로 날아갈까봐." 그 자체가 인간의 모든 삶을 담은 시 한 편 이어서.

에 찾은 곳이 광릉수목원 근처 음식점 '수목원 가든'의 정원이 었다. 그곳에서 18년을 있었고 관리가 허술한 몇 년은 방치되 기도 했었다. 수목원 가든 부지가 팔리고 시비는 다시 유랑해야 했다. 목적지는 파주 헤이리 마을이었으나 소흘읍 주민자치위 원회를 포함한 시민들의 노력과 포천시의 지원 그리고 유족들 의 허락으로 이곳 고모리 호수공원 축제의 장으로 이전하게 된 것이다. 2011년 12월 21일, 눈발이 펑펑 내리던 날이었다.

시 한 구절 가슴에 품을 수 있다면

머리로의 상상은 몸을 움직이지 못하지만 두 발이 서 있는 곳 에는 언제나 몸이 따라가게 마련이다. 머리가 미래에 대한 기약이라면 몸은 그것을 확인하는 현재이다. 몸을 움직여 정확한 현실로 이끄는 가장 주요한 도구가 발임은 당연하다. 종종 시인을 비롯한 예술가들의 상상력을 찬(讚)하는 언사들을 볼 수 있으나 '가난한' 따위의 수식어를 붙여가며 비루하게 사는 종족이라고 비하하는 말들을 더 많이 듣는다. 인간이 마치 교환이 가능한 생산물을 만들어야만 생존이 가능한 존재이며 이 외의 모든 행위들은 이른바 '쓸데없는 짓'으로 치부하는 세상이 만들어 낸 마땅치 않은 결과이다.

그러나 예술가란 머릿속에 이미 발이 내재되어 있는 존재이다. 예술가의 상상력은 반드시 경험이라는 실전을 통해야만 가능하다. 고모리 호수공원에 서 있는 사람 앞에 그리고 역사 앞에, 자연 앞에 경건하고 견결했던 한 시인을 통해 확인할 수 있다. 그러므로 당신이 그의 시비 앞에 서는 시간만큼은 절대 쓸데없는 짓이 될 리가 없다. 시인의 삶을 자신에 반추해 보거나 시비에 돋아난 이끼의 개수를 세어 보거나 주변을 서성거리거나 그 자리에 앉아 서너 시간을 상념한다 해도 아무 문제가 없다. 설사 쓸데없는 일을 한다는 비아냥을 듣는다 해도 슬쩍 웃어 넘기면 그만이다.

•••• 고모리 저수지는 1984년 12월에 완공됐습니다. 농업용수

공급용 저수시로 한국농어촌공사가 관리합니다. 이후 소담스런 풍경 주변으로 멋들어진 집들이 들어서고 알음알음 사람들의 발길이 잦아졌습니다. 카페와 음식점, 펜션들도 자연스레 자리를 잡았습니다. 저수면적은 19.8ha이고 만수량 1,880천 톤, 최고수심 17m. 이런 수치야 사실 큰 의미를 둘 필요는 없습니다. 그보다 더 중요한 것들이 차고 넘치니까요. 2.6km 정도 되는 호변 둘레 산책길을 얼마나 고즈넉하고 느긋한 자세로 걸을 수 있을까. 호수의 터줏대감인 청둥오리들과 벗 삼기 위해서는 몇 번의 만남이 필요할까. 당신이 걷는 계절엔 어떤 꽃들을 만날 수 있을까 같은 것들 말입니다.

낚시는 안 됩니다. 벌금 뭅니다. '봄날 신부의 화관(Bridal Wreath)'이라고 부르는 조팝나무를 만나면 5월의 신부가 되고 '정돈된 우주'라는 이름을 가진 코스모스(Cosmos) 길에 들어서면 혼돈(Chaos)이었던 당신의 마음도 차분히 정돈될 것입니다. 만에 하나 산책길에 헌팅캡(일본말로 도리우찌)을 쓴 어깨 낮은 노인을 만날지도 모릅니다. 앞서 걷지 않았으면 좋겠습니다. 어정어정 걸어가는 그이의 초췌한 뒷모습을 다정하게 응시하며 천천히 걸어보는 것도 좋겠습니다. 그러다가 시 한 수를 떠올리며 "김종삼 시인님 고맙습니다" 하고 한마디 해주신다면 시인은 벌써 꽃이 되어 당신을 맞이할 겁니다.

18

면암 최익현과 채산사
최익현의 마지막 상소

위정척사(衛正斥邪)는 '바른 것을 지키고 옳지 못한 것을 물리친다'는 뜻이다. 서학(천주교)으로부터 성리학의 근본을 지키기 위한 고루한 선비들의 배타적 신앙이었겠으나 병인양요와 강화도 조약으로 이어지는 외세의 침탈 이후, 특히 구한말로 부르는 대한제국 시기에는 개화파였다가 결국 친일 모리배로 변신한 이들을 응징하는 상징적 사상이 되었다. 주창자는 구한말 대표적인 유학자 이항로였고 가장 충실한 실천가는 그의 제자 최익현이었다.

포천시 신북면 가채1리, 경주최씨의 집성촌이라 '최가채리'라고 부르는 이곳이 면암(勉菴) 최익현의 고향이다. 1833년

12월에 태어난 최익현의 일생을 한마디로 요약하자면 '누구도 흔들지 못한 신념'이라고 할 수 있겠다. 그의 타고난 신념은 시대와의 불화(不和)를 살아가는 자양분이었다. 흥선대원군의 실정을 비판한 최초의 상소 시폐사조소(時弊四條疏)와 계유상소를 비롯한 상소들은 사문난적(斯文亂賊)이라는 음해와 삭탈관직, 유배로 이어졌으나 그의 신념을 꺾지는 못했다.

최익현은 나이 네 살 때 가족이 단양으로 이사를 했고 열 살 때는 양근군 후곡(현 양평군 서종면 서후리)으로 다시 이사했다. 그가 제주도 3년 유배형을 마치고 포천에서 단 몇 달을 은둔하고 있을 때 올렸던 병자년의 척화소(강화도 조약 체결을 반대한 상소)는 도끼를 목에 대고 광화문 앞에 무릎을 꿇은 가장 절박한 상소였다. 강화도 조약을 외세의 국권 침탈 신호탄으로, 망국의 지름길로 보았기 때문이다.

"화친은 사학(邪學)의 지름길이며 기자(箕子)의 오랜 나라가 오랑캐에 빠지게 되는 것이니 순조와 헌종 때 서양인들을 주륙했듯 계책을 세우시라."(1876년 1월 23일 『고종실록』)

결국 이 상소로 인해 다시 흑산도로 두 번째 유배를 가게 된다. 1904년에 친일파 처단과 덕망 있는 인재 등용을 요구하는 상소문을 네 번에 걸쳐 올렸다. 1905년엔 조선 주둔 일본군 사령관 하세가와 요시미치(長谷川好道)에 의해 체포, 감금

되었다가 포천으로 압송되었다. 1906년 1월 19일 논산 궐리사에서 거병을 의결했고 한반도 역사 이래 최고령 의병장이되었다. 그해 3년의 감금형을 받고 대마도로 세 번째 유배를떠났을 때 그의 나이 74세였다.

그는 1907년 1월 1일, 단식에 이은 풍토병으로 사망했고운구는 나흘 뒤인 1월 5일 부산항에 도착했다. 그가 임금께드리는 마지막 상소는 순국(殉國)이었다. 면암 최익현은 죽음을 언제나 곁에 두었던 칼날 위의 삶을 살았다. 그의 신념의 마지막 종착지 역시 죽음이었으나 누구도 흔들 수 없는 거대한 주춧돌이 되었다. 조선이라는 고대광실은 일본 제국주의라는 불길에 휩싸여 모두 소실되었지만 그의 신념은 불타지 않고 남아 그를 기리는 사당 채산사에서 당신을 기다리고있다.

손자 최면식의 항일 투쟁

최면식(1891~1944)은 최익현의 손자다. 가채리에서 태어났고갓 스물을 넘은 나이에는 만주로 망명했다. 광복단 활동을 하던 1914년 조직 연락책을 맡아 국내 잠입했다가 일경에 체포되어 6개월의 옥고를 치렀다. 1917년에 가입한 대한광복회에서 그는 독립자금을 모으는 데 주력했다. 만주와 국내, 전국

채산사 '사문난적(斯文亂賊)'이라는 음해와 삭탈관직, 유배로 이어진 최익현의 한 생은 언제나 죽음을 곁에 둔 칼날 같은 삶이었다. 역사 이래 최고령 의병장이었고 대마도에서 순국했다. 그의 혼은 거대한 주춧돌이 되어 채산사에 모셔져 있다.

을 돌며 친일 부호를 대상으로 군자금을 확보했고 또 그들을 처단하기 위한 무기를 제공했다. 1918년엔 조직이 발각되어 1년의 형기를 살았고 급기야 1921년 9월엔 대전경찰서에 잡혀 공주교도소에 수감되었다.

그는 살아나왔으나 산 사람은 아니었다. 죽어도 교도소 밖에서 죽었어야 했다. 고문 후유증으로 거의 반신불수 상태였던 그는 가석방되었다. 교도소에 들어간 지 고작 3개월 만에 산송장이 되었으니 고문이 얼마나 가혹했는지를 짐작할 수 있다. 말할 수 없는 몸으로 말하며 걸을 수 없는 몸으로 걸으며 이후 20여 년을 넘게 나라를 되찾는 일에 헌신했다. 1944년 7월 3일 그는 영면했다.

학교 시절 나의 등굣길은 두 갈래였다. 신작로 넓은 길을 따라 돌아가거나 좁은 논둑길 지나 야트막한 산을 넘어 가로질러 가거나. 대부분은 거리가 짧은 산길로 다녔는데 작은 고개를 하나 넘으면 거기가 최가채리였다. 포천 읍내를 벗어나면 첫 번째 동네이기도 했다. 하여 채산사는 보자기 책보를 메고 다니던 그때부터 나에겐 익숙한 곳이다. 당연히 최익현도 익숙한 이름이었다. 과수원집 주인이기도 했던 최씨 종갓집 앞에는 1970년대 새마을운동 시절 탁아소가 있었는데 그곳이 최익현이 태어난 곳이었다. 2007년 생가터가 복원되었고 서

거 100주기 기념비도 제막했다. 면암의 동상은 포천 청성공원에 모셔져 있다.

조부의 주춧돌 같은 신념을 같은 방식으로 지켜낸 최면식의 공적비는 포천중학교 입구에 있다. 가방을 둘러매고 걷거나 자전거를 타거나 귀가를 서두르는 아이들은 그 앞을 무심히 지나간다. 면암이나 염재(念齋, 최면식의 호)의 반외세, 반일의 굳은 신념은 이렇게 아무런 티를 내지 않고도 포천 땅에 스며들어 몇 세대를 보낸 평온함으로 오늘도 일상이 되고 있다.

일제에 저항한 포천

왕산 허위 장군은 1907년 군대해산 이후 거세진 전국 의병의 단일대오 13도 창의군의 의병장이었다. 1908년 1월 서울 진공 작전 때엔 통합 의병 사령부 군사장을 맡았다. 동대문 밖 30리까지 진격했었으나 후발 부대가 늦게 도착했고 작전은 실패했다. 다시 임진강 의병부대를 조직하고 일제를 몰아내기 위한 산발적 항일 유격전을 전개하던 1908년 6월 11일 영평군 유동(현 포천군 일동면 유동리)에서 체포됐다. 의병으로 거병하기 전 대한제국 황제 고종으로부터 받은 그의 최종 직책은 비서원승(현 비서실장)이었다. 현재는 흥인문 앞 도로에 그의 이름(왕산로)을 남겼으나 그해 10월 21일 일제에 의해 세워진 서대문 형무소의 1호 사형수가 되었다.

가산면 방축리의 이범영은 민족교육자였다. 비밀결사조직 대동청년단의 단원이었으며 광화학원, 김천 광명학교, 밀양 정진학교 등에서 후학을 가르쳤고 고향에 경북중학교를 세웠다. 가산 사람 이주호, 강지형, 이규채는 국권회복운동에 앞장섰고 3·1혁명 때는 앞장서서 대한독립 만세를 외쳤다. 민족신앙의 산실 정동교회의 전도사 박동완은 3·1독립선언서 민족대표 33인의 한 사람으로 만주와 미주를 돌며 한글학교를 통해 민족교육을 실천했고 한문서당의 훈장 선생님 소흘 사람 고진환은 3·1 운동의 후과로 얻은 고문 후유증으로 27세에 영면했다. 역시 한문서당의 훈장 내촌 사람 신영희는 3·1시위 당시 현장에서 피격됐다. 나이는 28세. 출생연도가 알려진바 없는 영북 사람 안응건은 농사일을 거두고 만세시위에 동참했고 영중 사람 유중식, 함병현도 같은 태극기를 들었다. 신북면 계류리 사람 이영여는 일경의 총에 흉부와 하복부를 맞고 현장에서 사망했다. 함께 깃발을 들었던 3·1혁명의 동지들 성성문, 이치상, 서성달 등도 같은 날 함께 총을 맞고 사망했다. 이이만, 정수환, 이종원, 조계식, 최석휴, 최학돌 그리고 배화여학교 학생이었던 김마리아, 안희경, 안옥자도 3·1혁명의 주역들이다.

최익현 생가터 비석 1970년대 새마을운동 시절 탁아소가 있었던 곳에 2007년 생가터가 복원되었고 서거 100주기 기념비도 제막했다. 면암의 동상은 포천 청성 공원에 모셔져 있다.

신북면 가곡리 사람 조황, 추동리 사람 조영원은 의열단원이었다. 그들의 손에 쥐어진 폭탄은 일제를 폭망시키기 위한 유일한 도구였다. 영중 사람 김영관은 광복군이었고 창수 사람 이민식은 의병이었다. 그들의 고향 포천엔 그들의 후손들이 산다. 왕방산 넘어 양주골의 의병 이긍래(李兢來)의 손녀인 나의 어머니도 그곳에 묻혀 있다. 격동의 시대 불의에 발 딛지 않고 정의를 향해 눈을 돌렸던 영원한 청춘의 땅에서 나 또한 나고 자랐다.

•••• 최가채리는 특별히 기억에 많이 남는 곳이었지요. 저는 태생이 이가채리, 전주이씨 집성촌이었습니다. '할딱고개'라고 불렀던 작은 고개 하나 넘으면 바로 면암 선생을 만날 수 있었습니다. 그 동네 어르신들도 대부분 인사를 나누는 정도였으니 저의 집과 한동네라고 해도 탓할 사람 없지요. 채산사 바로 위에는 경주최씨의 시조로 삼는 고운 최치원의 사당이 있습니다. 이름은 청성사. 거기도 어린 시절부터 줄곧 봐 왔던 곳입니다. 한 마을 20여 가구가 채 안 되는 곳에서 위대한 독립운동가가 두 분씩이나 나왔으니 경외할 만한 일입니다. 역사를 배워 가면서 그 동네 친구들이 은근 부러웠던 적도 꽤 있었습니다.

19

포천 아트밸리
화강암으로 빚어 놓은 거대한 예술 골짜기

라오콘, 바쿠스, 성 모세, 죽어가는 노예 … 이름을 나열해 본다. 알듯 말듯 가물가물하다면 한 번 더, 피에타 그리고 다비드 상. 이쯤되면 저절로 입 밖에 나오는 이름이 있다. 미켈란젤로. 학교 시절 엄한 미술 선생님을 만났었다면 자다가도 중얼거려야 하는 르네상스의 거장. 위의 작품들은 그의 〈천지창조〉 같은 회화를 제외한 조각 작품의 일부이다.

미켈란젤로는 이탈리아 북서부 카라라 지역의 대리석을 주로 썼다. 조각에 필요한 완벽한 돌을 찾아 평생을 찾아 헤맨 결과다. 그는 돌의 채굴 과정은 물론 크기와 운송 경로까지 꼼꼼히 점검할 정도로 재질에 대한 애착이 남달랐다. 그의 조각 작품은 거의 다 대리석을 사용했다.

신의 손으로 만들었다는 아리안느 정원, 알함브라 궁전의 조각품들은 석고로 만들었다. 석고판을 디자인해 정교하게 천장이나 벽에 붙이고 3~4년 정도 지나면 견고한 예술 작품이 된다. 영국의 켄터베리 대성당이나 파리의 노트르담 성당의 조각상들은 석회석이 주재료이다. 유럽 나들이 가는 분들은 지나치면 큰일 나는 곳이고 미술에 문외한인 사람들도 평생에 한 번은 꼭 보고 싶은 중요한 목록들이다.

"나는 대리석 속에 갇힌 천사를 보았고 그가 차가운 돌 속에서 풀려날 때까지 돌을 깎았다"라고 말한 미켈란젤로. 심연(深淵)과 같은 몸속의 사상 한 톨을 작품으로 승화시킨 거장의 아름다운 말이다. 불국사를 중수했고 석굴암을 축조한 김대성이 혹시나 이 말을 내세에서 들었다면 어떤 생각을 했을까. 김대성(700~774)은 미켈란젤로(1475~1564)보다 나이가 775살이 더 많다. 그가 깎은 돌은 화강암이다.

화강암이 돌이라면 석고나 석회석, 대리석은 비누 아니면 연한 목재 정도로 비교할 수 있다. 재질의 강도가 현격히 다르다. 화강암인 석굴암의 축조에 20년이 걸렸다. 대리석이나 석회석을 썼다면 넉넉잡아 5년이면 충분했을 것이지만 지금도 온존하고 있을지는 장담 못한다. 삼국시대 이후 우리나라에

포천 아트밸리 국내 3대 화강석으로는 거창의 거창석, 익산의 황등석과 포천석을 꼽는데 포천석은 한때 국내 화강석 유통량의 90%를 차지했다. 수많은 작품을 만들어낸 고단한 노동과 세월의 결과인 아트밸리는 스스로 거대한 작품이 되었다.

전해지는 돌조각 작품의 대부분은 화강암으로 만들어졌다. 불국사의 다보탑(국보 20호), 석가탑(국보 21호)과 백운교, 청운교(국보 23호)나 산청군 범학리 3층석탑(국보 105호), 실상사 백장암 3층석탑(국보 10호), 정선 정암사 수마노탑(국보 332호) 등 대부분의 사찰 문화재가 화강암이다. 국보 1호 숭례문부터 세계에서 가장 오래된 천문대인 첨성대(국보 31호), 세계 최초의 우량기인 측우기에도 화강암이 사용됐다. 국내 최대의 석조 불상인 논산 관촉사 은진미륵(국보 323호)은 완성하는 데만 37년이나 걸렸다.

한반도의 암석 분포에서 화강암이 차지하는 비중은 약 25%이다. 국내 3대 화강석으로는 거창의 거창석, 익산의 황등석과 포천석을 꼽는데 포천석은 한때 국내 유통량의 90%를 차지할 정도로 비중이 높았다. 최대의 수요지인 수도권과 가장 가까운 데다가 단단하고 매장량이 많아 값도 비싸지 않았기 때문이다. 청와대 본관, 대검찰청사, 헌법재판소, 독립기념관, 인천 국제공항 등 버젓한 건물에 포천석이 쓰였다. 국립현대미술관과 숭례문 복원에도 쓰였다.

작품을 만드는 데도 최상이다. 국내 조형물의 80% 정도는 포천석이라고 해도 과언이 아니다. 명동성당 앞에 5·18을 기억하는 작품인 '오월걸상(2019, 이승수 작)'도 포천석이고 하동 송림공원의 '송림의 추억(2002, 민형기 작)', 대표적인 돌 조각가 한진섭의 '행복하여라(2013, 한진섭 작)' 등도 포천석이다. 그러나 포천석으로 만든 작품들이 전국에 퍼져 있다고는 해도 그중에서 최고를 꼽으라면 당연히 '아트밸리'다. 돌의 결과 노동과 세월의 흔적에서 묻어 나오는 아름다움 그리고 규모로 볼 때 과문하지만 내가 아는 한 아트밸리를 능가하는 작품은 없다.

노동과 세월이 만들어 낸 거대한 작품

그곳은 채석장이었다. 사람들은 돌산이라고 불렀다. 인부들은 천공기로 뚫은 바위 깊숙이 다이너마이트를 넣고 폭파시켰고 산으로부터 떨어져 나온 바위 덩어리들을 돌 재단기로 돌려 적당한 크기로 잘랐다. 30여 년 동안 거의 하루도 쉬지 않고 그곳 천주산은 묵묵히 제 살을 내주었다. 하루 종일 돌가루를 마신 채석공들은 얇게 자른 화강석 위에 삼겹살을 굽고 막소주를 들이키며 일과를 마감했다. 돼지기름이 탁한 목과 폐에 좋다는 일종의 믿음이 석공들에게 있었다.

1960년대부터 1990년대 중반까지 채석한 돌들은 뽀얀 먼지를 날리며 마을 길을 달려 전국으로 팔려 나갔다. 1990년대 이후 값싼 중국산 돌들이 물밀 듯 수입되기 시작했다. 그때 즈음 천주산도 돌산으로서의 수명을 다해 갔다. 인부들이 떠났고 채석장은 문을 닫았다. 채석의 흔적으로 날카로운 바위 결은 동네 아이들의 놀이터로도 적당하지 않았고 바람도 피해 가야만 하는 음산한 곳으로 변했다. 물은 고여 흐르지 않았고 절벽 위에 뿌리를 내린 나무 몇 그루만 자리를 지키고 있는 폐채석장이 되었다.

스페인 바스크 지역의 흉물스런 철강도시 빌바오가 구겐하임 미술관을 통해, 쇠락한 독일 루르 지역의 엠셔강 일대가 도시재생 프로젝트를 통해 친환경 관광명소로 재탄생하듯 천주산의 폐채석장은 2009년 '아트밸리'란 이름으로 새롭게 탈바꿈했다. 깊이 25m의 천주호는 사시사철 푸른 옥빛으로 햇살을 담고 높이 45m의 화강암 절벽은 한눈에 담을 수 없을 만큼 거대하다. 눈 녹은 물이 흘러 작은 폭포를 만들고 에메랄드빛 파문이 호수에 일면 일급수에서만 생존이 가능한 물고기들이 파닥인다. 절벽 위에 위태롭게 자리를 잡은 소나무들은 종달새들의 쉼터다. 하늘빛과 물빛이 닮았고 바위 위에 세월이 채색한 수묵의 빛깔은 은은하다.

모든 풍경이 계획되어 있었던 듯한 위엄 있는 조각 작품의 작가는 따로 없다. 30여 년을 스쳐 지나간 바람이 작가이고 하루도 빠짐없이 절벽을 비추던 태양이 작가이고 무엇보다 이 바위에 생계를 의지하고 한결같이 돌을 쪼아 댔던 수많은 채석공들의 땀과 눈물이 작가이다. 천주호를 인공호수라고 말하지만 인위적이지 않은 이유는 누구라도 의도해서는 절대 만들어 낼 수 없는 자연이라는 작가의 수고가 곳곳에 배어 있기 때문이다.

아트밸리는 2009년 10월 개장 이후 벌써 300만 명이 다녀갔다. 지난 시절 각종 건물의 초석과 기둥으로 쓰였던 포천석의 명성을 이제는 문화와 예술, 그리고 휴식이 있는 공간이 되어 잇고 있는 것이다.

어지간하면 다녀 오셔야죠

한여름밤 호수를 볼그랗게 물들이는 조명이 비추면 푸른색 절벽을 배경으로 천상을 넘나드는 듯한 무희들의 향연이 펼쳐진다. 오직 이 장소에서만 가능한 공연 〈벽 안의 바다〉다. 45m 직벽 위에 나비 요정으로 분한 배우들은 벽에 비춘 미디어 파사드를 배경으로 춤추며 관객들을 아름다운 몽환의 세계로 안내한다. 나비요정은 이 벽에서 돌을 캐냈던 인부들의 환생이다. 공연의 규모를 조금만 더 확장한다면 티벳의 옥룡설산을 배경으로 펼쳐지는 집체극 장예모 감독의 〈인상여강가무(印象麗江歌舞)〉가 부럽지 않을 듯하다.

입구부터 천문과학관에 닿는 모노레일은 타도 좋고 안 타도 좋다. 타면 편하고 재밌고 안 타고 걷는 약 500m의 산행은 운치 있다. 안 타고 그 값 아껴 커피 드시겠다는 분도 있는데 어지간하면 타보시는 걸로 추천.

아트밸리의 조각공원에 있는 작품은 〈분홍빛 거대 토끼(도르디Dordi, 조수민, 2017)〉처럼 콘크리크 소재도 있지만 대부분 포천석을 깎아 만든 것이다. 소원을 비는 하늘정원 입구에는 〈문, GATE(이일호, 2009)〉가 있고 조금 아찔한 돌음 계단을 내려오면 〈놀라운 은총(강관욱, 2009)〉, 〈행복한 가족(펭귄),(원은숙, 2011)〉 등 30여 개의 조각 작품을 만날 수 있다. 화강암 조각 작품을 감상하는 가장 좋은 태도는 다가가서 만져 보는 것이다. 살짝 손 올리고 사진도 찍고 돌의 감촉을 느끼며 작가의 망치질을 가늠해 본다. 물론 만지지 말라는 경고문이 붙은 경우는 제외지만 이곳의 작품들에게 당신의 손길은 세월의 온기를 입히는 주요 도구가 될 것이다. 다만 〈바람의 소리를 듣다(천성명, 2009)〉의 작품은 만지기엔 조금 더 민망할 수도 있다. 보기에도 민망하다는 사람들이 있기는 하다. 직접 확인해 보시는 게 최선.

• • • •   서울의 난지도는 쓰레기 매립장이었어요. 나는 퀴퀴한 냄

새 기득한 그곳에서 기타를 메고 사진을 찍은 적도 있습니다. 그 때는 지금처럼 가을 억새와 황홀한 일몰이 있는 하늘공원이 되리라고는 생각을 못했었지요. 일제 때 폐광 시흥광산을 리모델링한 광명동굴도 꽤 유명하지요. 이 밖에도 전국에 도시재생 하면 떠오르는 많은 사례들이 있지만 아트밸리도 이에 못지않지요. 하나 더 보태 석공들의 숨결과 시간의 흔적들을 고스란히 간직했으니 오히려 더 의미 있다고 해도 괜찮습니다.

아트밸리의 돌 문화 홍보관에 가시면 돌 캐는 과정부터 돌산의 역사와 아트밸리가 만들어진 과정까지를, 창작 체험실에선 망치 들고 석공이 되어 실제 작품에 도전하는 체험까지 할 수 있습니다. 사실 내가 어렸을 때 이곳 돌산은 사람들이 좋아하지 않는 공간이었습니다. 폭파 소음도, 먼지에 운반 트레일러의 위압적 운행도 주민들의 큰 불만 사항이었지요.

그런데 지금의 아트밸리는 포천을 대표하는 명소가 되었고 오시는 분들마다 행복해하시니 전국 어디라도 가서 자랑하기에도 부족함이 없습니다. 가슴 한 켠에 응어리 같은 상처가 있는 분들이라면 큰 위로를 받을지도 모릅니다. 한때는 상처였으나 거대한 예술이 된 아트밸리처럼 당신의 상처도 언젠가는 아름다운 작품이 되리라 기대할 수 있으니까요.

20

길명리 양사언 묘
사언의 묵향 따라 역사 속으로 한걸음

조선의 명필(名筆) 하면 가장 먼저 떠올리는 인물이 누구일까? 당신은 아마 십중팔구 한호(韓濩, 1543~1605)를 생각할 것이다. 엄한 떡장수 어머니의 호롱불 옆에서 글씨를 쓰며 익혀 후세에 한문 서도의 교과서 한석봉 『천자문(千字文)』을 남겼다. 그보다 먼저 추사(秋史)를 떠올릴 수도 있다. 전서(篆書), 예서(隷書), 해서(楷書), 행서(行書), 초서(草書) 등 모든 서체에 능했고 오직 그만의 필법으로 한자의 본토 중국을 놀라게 했다. 그가 귀양살이를 했던 제주부터 함경도 북청, 그리고 금강산과 묘향산 정상에 이르기까지 그의 묵향은 조선 팔도에 지금도 그윽하다. 그가 죽기 사흘 전에 썼다는 봉은사 판전(板

殿)은 꼭 붓을 처음 잡은 아이의 필체여서 그가 얻은 대서도가(大書道家)의 위명(偉名)은 어린 서동(書童)의 점 하나에서 출발했음을 후세에 남겼다.

서도에 얼추 관심이 있는 당신이라면 안평대군(1418~1453)을 떠올릴 수도 있다. 세종의 아들로 태어났으나 친형 수양대군에게 억울한 죽임을 당한 서른여섯 그의 짧은 생애 속에는 시서화(詩書畵) 삼절(三絶)의 풍미가 넘쳐나는데 조선 왕조의 기품을 한데 모아놓은 듯한 서화합벽(書畵合璧)의 권축(卷軸)으로 전해진다. 그가 남긴 세종대왕 영릉신도비(여주 영릉 소재)도 그렇지만 1447년 안견이 그린 〈몽유도원도(夢遊桃源圖)〉가 대표적이다. 종로구 부암동 무계정사에 머물던 안평대군 이용(李瑢)이 꾼 꿈을 당대의 화공 안견에게 명하여 그리게 했다.

그의 발문을 포함해 23편의 찬문이 함께 실려 있는 이 그림의 가치는 고서화 수집가였던 오봉빈(1893~미상)이 1931년 4월 12일자 동아일보에 낸 기고를 통해서도 확인할 수 있다. 당시 제시 가격이 3만 원. 경성의 고대광실 기와집 30채에 해당하는 고가였다. 이 그림과 글씨를 기억하는 이들은 당연히 대한민국 국보라고 생각하겠지만 불행히도 조선 총독부가 1939년 5월에 지정한 일본의 중요 문화재 1152호이다. 구한

말에 일본에 유출되었고 한국의 주요 문화재 반환 요구를 두려워한 일본의 덴리대학교는 도서관 수장고에 깊숙이 숨겨두고 일반에 공개하지는 않는다. 안평대군의 한 많은 삶과 많이 닮아 있다.

조선 전기의 문신 자암(自庵) 김구(金絿, 1488~1534)나 창암(蒼巖) 이삼만(李三晩, 1770~1847), 눌인(訥人) 조광진(1772~1840), 또는 그의 스승 도보(道甫) 이광사(李匡師, 1705~1777)를 조선의 명필로 꼽는 사람들도 많다. 이들은 당대 서도의 종가를 이룬 인물들로 당신이 이 이름들을 꼽는다면 아마도 현재 조선 서가의 명맥을 잇는 서예가이거나 서예 탐구가일 것이다. 조선조 500년사에 기록될 만한 문사(文士)들, 그 빛나는 이름들에 견주어 3대가 됐든 4대가 됐든 조선의 명필을 꼽는 데 빠지지 않는 이름이 있다. 봉래(蓬萊) 양사언(楊士彦1517~1584). 그가 포천 사람이다.

사언의 묵향이 이정표가 되고

세종 포천 고속도로에 올라 북쪽으로 내달리면 맨 마지막 나들목이 신북IC다. 그 동네를 '틀못이'라고 불렀다. 1914년부터 시작된 일제의 행정구역 통폐합에 의해 현재의 이름은 기지리(機池里)가 되었지만 여전히 사람들은 틀못이 혹은 '틀무

양사언 비석 사언의 묵향을 따라 오르는 계단. "태산이 높다하되 하늘 아래 뫼이로다." 사언의 시조를 기억하지 못하는 이가 있을까.

시'라고 부른다. 현재의 행정 주소는 포천시 신북면 기지1리. 내가 나고 자란 마을 신북면 가채리(加采理)의 맞은편에 있어 서로 눈 맞추기 좋은 동네이다. 윗동네는 청주양씨, 아랫동네는 문화류씨 집성촌인데 내 누이는 틀못이 양씨에게 시집갔다. 그 동네 양씨는 모두 1517년 그 마을에서 태어난 양사언의 후손들이다. 누이의 시댁네와 담을 사이하고 양사언을 기리는 제각(祭閣)이 있다.

양사언은 어렸을 때부터 안 읽은 책이 없이 총명했고 효심이 깊었으며 인품이 빼어나 지혜롭고 슬기롭고 모든 분야에 식견이 넓고 깊었었다는 얘기는 굳이 할 필요가 없겠다. 당신이 알고 있는 위인들 중에 그렇지 않은 사람이 몇이나 있었던가. 나이 서른 되는 해 문과에 급제했고(명종 원년, 1546) 이후 관료로 재직했던 40여 년의 기간 중 대부분을 지방 고을 수령으로 지냈으며 가는 곳마다 선정을 베풀어 곳곳에서 백성들의 송덕(頌德)이 하늘에 닿았다는 얘기도 마찬가지다. 조선 팔도 500년 역사에 그만한 캐릭터를 못 가진 고을 수령은 또 몇이나 될까.

그러나 그는 대자(大字)의 대가(大家), '초선(草仙)'으로 불리운 사람이다. 큰 글씨의 품격으로는 지리산에 '雙溪(쌍계), 石門(석문)'이라는 암각을 선사한 고운(孤雲) 최치원을 넘어서고,

초서로는 중국의 왕희지가 울고 간 신선의 경지라는 평을 받는 서예가. 금강산의 천하절경 만폭동이 품고 있는 그의 글씨가 '봉래풍악 원화동천(蓬萊楓嶽元化洞天)'이다. 만폭동 구경 값이 천 냥이라면 그중에 오백 냥은 양사언의 글씨 구경 값이라 했으니 "표표하여 마치 하늘에 치솟고 허공을 걸어가는 기상이 있으니 그 글씨 속에 선골(仙骨)이 있음을 속일 수 없다"는 성호 이익(1681~1763)의 찬사조차도 부족함이 있을 만하다. 삼일포에는 그가 즐겨 앉았다는 봉래대가 있고 그 아래 글을 읽고 썼던 봉래굴이 있다.

吾聞天下人(오문천하인) 내 듣기에 천하 사람들은
源生高麗國(원생고려국) 고려국에 태어나길 바라며
親見金剛山(친견금강산) 직접 보고 싶다 하네 금강산
萬二千峯玉(만이천봉옥) 만 이천봉의 구슬을

– 「금강산(金剛山)」, 『봉래집』, 양사언

양사언의 호는 봉래(蓬萊)이다. 금강산의 다른 이름이다. 어느 누가 거대한 산 하나를 통째로 이름에 담을 수 있을까. 후세들도 모두 인정하고야마는 타고난 금강산인 양사언이어서 가능한 일이다.

묘향산 상원동 계곡은 향산(香山, 묘향산의 다른 이름)의 정취를 가장 강렬하게 느낄 수 있는 코스다. 용이 굽이치며 승천하는 84m의 용연폭포와 사슴이 호랑이와 함께 경치를 감상했다는 인호대가 있는데 거기에 봉래가 쓴 '神仙窟宅雲霞洞天(신선굴택 운하동천)' 글씨가 큼지막하게 새겨져 있다. 맞은편엔 향산제일암(香山第一庵)인 상원암이 있고 그 암자의 현판은 추사(秋史) 김정희가 썼다. 필시 추사는 향산을 오르며 250년이나 먼저 산 봉래의 흔적을 찾았을 것이다. 그리고 그의 글씨 맞은편에 자신의 글씨를 올리고 싶었는지도 모른다. 삼척의 무릉반석에는 '武陵仙源中臺泉石頭陀洞天(무릉선원 중대천석 두타동천)'이 있고 상주시 우복동에도 '洞天(동천)'이란 글씨가 새겨져 있으니 봉래는 그야말로 전국구였던 셈이다.

여타의 설명에도 봉래가 생소하다고 여기시는 분들이 계실지 모른다. 당연히 그 낯섦을 단번에 넘어설 수 있는 비기(祕技)가 있다.

"태산이 높다 하되 하늘 아래 뫼이로다
오르고 또 오르면 못 오를 리 없건마는
사람이 제 아니 오르고 뫼만 높다 하더라"

어떠신가. 전 국민이 다 아는 이 시조의 작자(作者)가 봉래다. 그러니 누구라도 작은 인연이라도 있다면 자랑하지 않고는 못 배기는 이름이 봉래 양사언이다.

봉래의 시조비는 포천 땅 네 곳에 세워져 있다. 선생을 배향한 길명사와 선생의 묘소 앞, 영평8경 중 2경인 금수정, 그리고 일동면 행정복지센터 앞.

사언의 묵향이 겨울 속으로 간다

봉래의 최종 관직은 행 안변 대도호부사(行安邊大都護府使)였다. 66세 때 관할 지역인 지릉(태조 이성계의 증조부 묘)에 불이 났고 그는 황해도에 귀향을 갔다. 40년 중앙의 정치판을 뒤로하고 지방관으로 시와 글씨와 더불어 풍류를 읊었던 선비에게는 억울한 일이었을지도 모른다. 1474년 지릉에 불을 지른 재궁의 승려 홍수가 능지처참 형을 당한 걸 보면 그만하길 다행이라 여겼을 수도 있다. 2년여의 유배 생활을 마치고 고향으로 돌아오는 길에 숨을 거둔다. 그리고 이곳 금주산 동편 산자락에 묻힌다. 생전에 그가 못자리로 봐두었던 곳이다. 일동면 길명리 산 193번지.

만세교에서 일동 방향으로 가는 대로 옆 좁은 길을 따라 올라간다. 작은 안내 팻말이 군데군데 있어 찾기 어렵지 않

양사언 묘 양사언의 호는 '봉래'이다. 여름의 금강산을 달리 이르는 말이다. 거대한 산 하나를 통째로 이름으로 담았다. 금강산인으로 불리었던 그의 묘소는 금주산 동편에 있다. 길명리 너른 들판이 한눈에 들어오는 곳이다.

다. 농원과 마을을 지나 산언덕에 닿을 즈음 차를 세운다. 인근 군부대 초병이 긴장하며 자세를 고쳐 잡는다. 그럴 필요가 없는 일인데 괜히 그들의 감시자가 된 듯한 느낌이다. 두 시간을 같은 공간 같은 자세로 경계를 선다는 게 어디 쉬운 일인가. 미리 알았다면 초코파이라도 몇 개 준비해 올 일인데 미안해진다. 묘소를 오르는 계단 앞은 공사가 한창이었다. 지난 장마에 팬 땅을 보수하는 듯했다.

선생의 시비(詩碑)를 지나 계단의 숫자를 세며 오르다 숫자가 가물가물 해질 때쯤 두 개의 묘가 나온다. 음성박씨와 간성 이씨 두 부인의 묘소다. 선생의 묘소는 그 위에 있다. 선생의 묘갈(墓碣, 무덤 앞에 세우는 작은 비석)은 그가 만력(萬曆) 갑신(甲申)에 졸(拙)한 지 50년이 지나서 세워진 것이다. 선생의 장남 종정공 양만고가 그의 12년 후배이자 동료였던 고공원외랑(考工員外郎) 조경에게 부탁한 것이다. 용주(龍洲) 조경(趙絅)은 신북면 가채리 출신으로 지금도 그의 후손들이 한양조씨 집성촌을 이루고 있다.

선생의 위상은 조경의 묘갈문(墓碣文)을 통해서도 짐작할 수 있다. 봉래 양사언의 묘 앞에 있는 비석에는 다음과 같은 대목이 있다.

"우리 고을뿐만 아니다. 사방 사람으로 선생의 성명을 모르는 자가 어디에 있단 말인가? 비유하자면 상린 채봉이 비록 수천 년 동안 빛을 감췄다 해도 구포의 털빛, 귀창의 소리란 말만 들어도 사람마다 애모의 정을 느껴 마치 직접 보고 들은 것처럼 여김과 같거늘 선생의 성명을 전함에 과연 편석의 명이 있어야 한단 말인가?"

선생의 명성은 이미 정평이 나 아는 사람들은 다 아는데 굳이 보잘것없는 자신을 내세워 묘갈을 세워야 하겠느냐는 정중한 표현이다. 그럼에도 양만고의 청을 거절하지 못하고 그는 학견(學見)과 문장을 더해 봉래의 일생을 추모한다.

•••• 무덤 위에서 겨울을 준비하는 잔디들이 바람에 찰랑거립니다. 선선한 바람이 산 아래로 흐르고 마치 선생이 즐겨 탔다는 거문고인 봉래금(蓬萊琴)인 듯 귓가를 간지럽힙니다. 기타를 가져왔더라면 참 좋았겠습니다. 아니면 하모니카라도. 그의 무덤 옆에서 나지막한 음악 소리를 내고 싶었습니다. 내가 그와 당대에 어울렸다면, 하고 상상합니다. 그가 붓을 다듬을 때 나는 그 옆에서 먹을 갈다 그가 일필휘지의 원필(圓筆)을 휘두를 땐 악사가 되어 장단을 맞추어 주었을 것 같습니다. 그의 흔적이 남아 있는 해금강의 비래정(飛來亭)이든 평창의 팔석정이든 아니면 포천 영평의 금수정(金水亭)이든 그의 옷자락을 졸졸 따라다니면서.

21

무란마을 백동수

무사 백동수는 그 나무 아래 산다

형은 이소룡 마니아였다. 정확히는 이소룡 환자였다. 살구나
무 굵은 가지에 샌드백을 매달고는 밤낮없이 발차기를 했다.
봉당의 양쪽 기둥에는 주먹질을 연습할 펀치볼을 달았다. 없
는 돈에 태권도장을 다니기 시작했고 이내 학교 대표선수가
되었다. 형에게는 가끔 인간 샌드백이 필요했었는데 인간이
란 상대는 가끔 되치기도 하고 도망가기도 하고, 그야말로 인
간적으로 맞아주었기 때문이다. 당연히 나는 형의 샌드백이
었다. 밥 먹다가 장작 패다가 혹은 멍하니 있다가도 불시에 주
먹을 날렸다.

주먹과 한 세트로 날리는 소리가 있었는데 "아뵤오~~"

였다. 어깨와 팔과 머리를 이소룡처럼 흔들었고 그럴 때마다 엔딩은 엄지로 코끝을 부벼대는 장면이었다. 대부분 알밤 먹이는 정도의 수준이었지만 어떨 땐 무지하게 아파 눈물을 흘린 적도 있었다. 그래도 나는 대들거나 맞서 싸우지 않았다. 나는 참 착한 어린이, 착한 동생이었다.

지금은 없어진 경향극장에서 이소룡 영화를 보고 난 뒤에는 증세가 더 심해졌다. 〈맹룡과강〉이었던가 〈정무문〉이었던가. 쌍절곤이라는 신무기로 장착한 형의 난동은 주먹과 발길질하고는 차원이 달랐다. 형의 장난스런 '아뵤오' 소리는 횟수를 더했고 더없이 경쾌했다. 그럼에도 나는 대들거나 맞서 싸우지 않았다. 나는 참 착한 어린이, 착한 동생이었다. 형은 목사다. 미국까지 날아가 형의 교회에 가서 간증하고 싶을 때도 있다. 제목은 '나는 네가 지난여름 한 일을 알고 있다' 정도로 하고.

쳐다보기도 싫었던 이소룡 영화는 한 편도 본 적이 없었다. 대신 나는 성룡을 좋아했다. 경향극장에서 〈취권〉을 본 후로 지금까지 그의 영화는 거의 다 봤다. 형 덕분에 나도 무협의 세계에 입문하게 된 것이다. 『삼국지』와 『수호지』는 당연하고 『영웅문』, 『신조협려』, 『의천도룡기』와 『소호강호』를 섭렵했고 『마지막 조선검 은명기』의 최후는 쓸쓸했지만 『장길산』

은 장쾌했다. 물론 소설이지만 산 하나를 몇 걸음에 날아다니고 바위를 통째로 부수는 공력의 소유자가 중국에는 차고 넘쳤다. 소림사 하나만으로 평생을 울궈 먹는 작가도 있다. 잘 벼려 놓은 칼날에 목숨을 의지하며 달빛 아래서 결투를 벌이는 사무라이는 또 어떤가. 츠가하라 보쿠덴이나 미야모토 무사시 이후 일본 검객의 계보 또한 만만치 않았다.

두 나라에 비해 상대적으로 조선 무협의 기록은 빈약하다. 고려 시대의 무신 척준경이나 태조 이성계의 의형제 이지란(여진 이름 퉁두란) 정도가 알려진 사람들이다. 산발을 삿갓으로 가리고 남루한 도포 자락을 휘날리며 바람을 가르는 검객이었을 것 같은 내가 아는 인물들은 모두 장군이란 타이틀의 소유자였다. 을지문덕, 양만춘, 강감찬, 권율, 이순신 등 정사에 기록된 이름들은 죄다 나라를 구한 인물들이었다. 무사(武士)란 비련의 여인을 위해 묵혀 두었던 칼을 꺼내 드는 비장함도 있어야 하고 철천지 원수를 베기 위해 평생을 칼 위의 삶을 살다 결국 이틀 낮 이틀 밤의 결투에서 승리한 후 초연히 돌아서는 멋짐 폭발의 결말이 있어야 하는 법이다. 안타깝게도 우리의 장군님들에겐 이런 스토리가 없다. 반드시 외웠고 존경은 했지만 그다지 재미가 있지는 않았다.

조선 검객 야뇌 백동수

무사 백동수를 만난 게 벌써 십여 년 전이다. 드라마를 통해서다. 백동수의 존재를 아는 것만 해도 좋았지만 검선(劍仙)으로 불리운 김체건과 김광택 부자의 스토리도 흥미로웠었다. 사극을 보면 대개 주인공인 임금님보다는 그를 지키는 호위무사가 더 멋있어 보이는 것인데 무사 백동수가 딱 그 짝이었다. 굵직한 주인공들이 생소한 실존 인물이어서 더 좋았다. 백동수는 정조대왕의 경호부대 장용영의 교관이었고 그 유명한 『무예도보통지』의 저술가였다는 사실 정도는 알고 있었다.

『무예도보통지』 조선 시대 군용 무술 교본이다. 끊어서 읽는다면 '무예 / 도보(그림과 해설) / 통지(종합 서적)'로 읽어야 한다.(출처 : 서울대학교 규장각한국학연구원)

무란마을을 찾은 이유는 백동수에 관한 책을 읽다가 발견한 마지막 한 줄 때문이다. "1816년 10월 3일, 야뇌 백동수는 포천에 있는 집에서 영원히 눈을 감았다. 향년 74세." 가슴을 두근거리게 만드는 문장이었다. 중국의 『사조영웅전』에 등장하는 동사, 서독, 남제, 북개에 해당하는 조선 무예의 최고수를 지척에서 만날 수 있다니. 『조선의 협객 백동수』(푸른역사, 2002)를 쓴 김영호는 무예에 미친 사람이다.

그의 스승은 '빗자루 도사 임동규'로 서울대학교 상대를 졸업했고 1973년 통혁당 재건위와 남민전 사건으로 무기징역을 선고받은 시국 사범이었다. 감옥에서 빗자루를 도구로 『무예도보통지』에 나오는 24반 무예를 복원하는 데 몰두했고 출소 후에는 '민족무예 경당'과 '우리 무예연구회'를 창립했다. 김영호는 스승의 맥을 이으며 24반 무예의 시조 백동수를 복원해 내기 위해 무려 7년을 매달렸다. 그의 노력으로 나는 포천 사람 백동수의 말년을 상상하게 된 것이다.

야뇌의 비밀정원은 지금도 비밀

새벽안개가 자욱하다. 축석고개에서 발원하여 얕은 여울을 지으며 마을을 지나가는 포천천이 안개의 진원지이다. 왕방산 남쪽 끄트머리에 안착한 무란골 어귀를 휘돌아 안개를 헤집고 가면 500년 풍상을 견뎌낸 느티나무가 있다. 그곳 어디쯤일 것이다. 한 생을 창검과 함께 꼿꼿하게 서 있었던 사람 백동수가 안개에 가린 여명을 향해 홀로 칼을 겨누었던 곳. 초로(初老)의 나이에도 그의 보법은 한 치의 오차를 허용하지 않았을 것이다. 검기(劍氣)는 모든 것을 벨 듯 날카로웠으나 어느 것 하나 베지 않는 한없는 자애로움이 있었을 것이다.

그에게는 오직 엄지발가락 두 개로만 날아다니며 전광석

무예도보통지의 내용 정조 14년 왕명에 의해 장용영 교관 백동수와 이덕무, 박제가가 출간. 이 책은 한국에서 가장 오래된 병법서다. 이덕무는 무려 145종의 서적을 뒤져가며 무예의 계보를 정리했다. 백동수는 정리된 문헌을 토대로 무술 고증에 앞장섰다. 사라진 무예의 흔적을 찾아 복원과 훈련과 시연을 거듭했다. 박제가는 정돈된 해서체로 문헌의 글자 하나하나를 정성스레 적어 나갔다.(출처 : 서울대학교 규장각한국학연구원)

회 같은 칼춤을 추었던 살수 부대의 교관 김체건의 보법(步法)이 있고 찰라에 죽일 수도 있지만 찰라에 살릴 수도 있다는 그의 스승 김광택의 검법(劍法)도 있었다. 거기다가 '무예는 싸움을 그치게 하는 것(武爲止戈)'이란 도법(刀法) 최고의 경지까지 넘나들었으니 과연 '협객(俠客)'이란 무엇인가. 사마천의 『사기』 「유협열전」에서의 정의처럼 "신명을 바쳐 사람의 위난을 구하려 하고 무슨 일이든 목숨 바쳐 일하며 능력을 자랑하거나 타인에게 신세지지 않는 자!" 아니던가.

힘으로 타인을 구하는 것을 '협'이라고 정의했던 평생의 벗 연암 박지원의 권유에 따라 '의(義)'의 삶에서 한 걸음도 벗어나지 않았던 조선의 협객 야뇌(野餒) 백동수는 무란골로 돌아왔다. 그의 나이 예순셋 1805년 1월이었다. 1792년 6월에 아버지 백사굉을 영평에 묻었다. 그곳에서 3년상을 다 치르고 난 1795년엔 장가들고 15년 만에 얻은 외아들 심진이 요절했다. 평생 고생만 했던 아내 유 씨가 쉰셋의 나이인 1790년에 사망했으니 그 짧은 시간 동안에 그는 사랑하는 이들을 모두 포천에 묻었다.

무예는 열여덟 가지요
봄바람은 이십사 번 풍일세

이화 춤추는 곳에 창이 해를 휘두르고
버들잎 뚫을 때에 화살은 바람을 찢네

문사들도 창칼의 내력을 알고
무인들도 문필이 능하구나

- 이덕무가 24반 무예를 24번의 봄바람에 비유한 글,
「이십사 번 풍」

1789년 초여름 장용영 임시 서국에 삼인이 모였다. 이덕무, 박제가, 백동수. 피를 나눈 형제보다 더 가깝게 지내는 참벗들이었다. 정조는 이들에게 조선 무예를 망라한 책의 저술을 명했다. 이덕무는 문헌 고증의 일인자였다. 무려 145종의 서적을 뒤져가며 무예의 계보를 정리했다. 백동수는 정리된 문헌을 토대로 무술 고증에 앞장섰다. 사라진 무예의 흔적을 찾아 복원과 훈련과 시연을 거듭했다. 박제가는 정돈된 해서체로 문헌의 글자 하나하나를 정성스레 적어 나갔다.

『기효신서』와 『무비지』, 『무예제보』, 『무예신보』 등을 통해 전해진 지상무예 18기에 마상무예 4기 그리고 정조의 명으로 백동수가 복원한 격구를 포함해 총 24기의 무예서가 만들어

무란마을 보호수 세상 모두가 비웃을 때도 꾸밈없는 것[野]을 뉘우치지 않았고 굶주린 것 [餒]을 부끄러워하지 않았던 고독한 검객 야뇌(野餒) 백동수의 삶이 녹아 있는 곳 무란마을. 그의 흔적을 찾을 길이 없어 그보다 300년을 더 살아있는 느티나무에게 안부를 물었다.

졌다. 조선 무예의 결정판 『무예도보통지』가 완성된 것이다. '즐풍목우촉한음서(櫛風沐雨 觸寒飲暑)', '바람으로 머리 빗고 비로 목욕하다, 찬바람 맞고 더위를 먹다.' 이렇게 수련에 힘쓴 백동수의 사람들 장용영 18기군의 기개와 단정하고 섬세한 도화서 화원들의 붓끝이 합세한 쾌거였다. 무사로서 협객으로 살아온 백동수의 삶에 가장 빛나는 순간이었다. 『무예도보통지』는 기름종이에 새겨 영구 보존의 명을 받았고 북한은 2017년 10월 30일 유네스코 세계문화유산으로 등재했다.

● ● ● ● 무란마을의 백동수는 기억에서 사라졌습니다. 그 동네에서 백동수를 기억하는 이는 없습니다. 그의 말년은 포천에 살던 유학자 청성 성대중의 아들 성해응의 기록으로 남아 있습니다. 500년이 넘은 느티나무는 마을의 당산목입니다. 한때는 무성한 가지로 찬란한 단풍을 쏟아냈을 그 나무의 가지는 모두 떨어져 나갔고 지금은 오직 곁으로 뻗은 가지 하나로 500년을 살아온 뿌리를 지탱하고 있습니다. 500년 보호수가 보호받지 못한 것처럼 백동수의 파란만장한 삶의 이후도 보호받지 못했던 것으로 여겨집니다. 거친 나무의 결에 손을 대고 백동수의 안부를 묻습니다. 한바탕 소나기가 거세게 몰아치고 지나간 오후, 초록으로 물든 이파리가 햇살에 반짝입니다.

'당신은 찾을 수 없지만 저 숲 어딘가에 있을 겁니다. 그 숲은 야뇌의 비밀정원이었습니다. 세상 모두가 비웃을 때도 꾸밈없는 것[野]을 뉘우치지 않았고 굶주린 것[餒]을 부끄러워 하지 않았던 그의 삶을 나는 기억합니다. 어느 날은 늙었던 그가 내게 기대어 소리 없는 울음을 울었던 적이 있었습니다. 나는 가지와 잎으로 달빛을 가려주었지요. 그가 떠난 가을은 쓸쓸했지만 그는 쓸쓸하지 않습니다. 아내와 아들을 묻었을 때의 절망도 기억하지요. 그러나 걱정은 안 하셔도 됩니다. 아무도 모르는 비밀정원에서 편한 잠을 누리고 있으니까요. 그가 누웠을 때 내게 부탁했습니다. 나의 못다한 꿈을 대신 꾸어달라고.'

백동수보다 300년은 더 산 느티나무가 전해 주는 안부를 나는 이렇게 들었습니다. 곧바로 담장 너머 축석초등학교 운동장에서 공을 차는 아이들의 맑은 웃음소리가 들려왔습니다. 이어 운동장 위로 큰 바위에 새겨 놓은 글씨도 눈에 들어왔습니다.

"큰 꿈을 향하여"

22

오세철 풀피리 전수소
풀피리 불며 한탄강 산책

호국로 따라 운천을 지나 송정 검문소에서 387번 지방도로
를 따라 좌회전하면 근흥교가 나온다. 포천 한탄강 어울길은
문화관광부가 선정한 이야기가 있는 전국의 문화생태 탐방
로 8곳 중 한 곳인데 근흥교는 그중 1코스 뗏마루길의 시작점
이다. 화적연을 돌아 2코스 멍우리 나들길까지 포함하는 약
8km 구간은 적어도 30m, 깊게는 50m 협곡 아래 굽이치는
한탄 여울을 내려다보며 걸을 수 있는 국내 유일의 산책길이
다. 계곡 아래 얼음장 덮으며 몰아치는 눈발들과 겨우내 쌓였
던 눈이 볕 좋은 봄볕에 녹을라치면 여름 장마에 유려해진 강
줄기가 가을날 오색 단풍을 물들이는 광경까지 사시사철 남

부럽지 않은 자태를 뽐내는 곳이다. 뗏마루터는 그 옛날, 길이 없었던 시절에 물길을 따라 떠나는 뗏목의 출발지이기도 했다. 여름날 부쩍 불은 강물이 출렁거리면 아찔한 물보라에 젖은 한탄강의 풍경도 함께 출렁거리기도 했을 것이다.

한탄강 일대 협곡의 위편은 대부분 농지다. 불무산 아래 명성산과 종자산, 지장산으로 이어지는 산세가 만만치 않은 데도 너른 평야가 있다. 벼꽃이 피는 계절엔 수확을 앞둔 농부들의 물꼬를 막는 손길도 바쁜데 벼 이삭이 패고 나면 이 들판은 토실한 낱알을 가득 품은 황금 들녘으로 변신한다. 마을 이름은 자일리. 첩첩산중 산골에 들이 열렸다고 해서 붙인 이름이다. 8호 마을이라고 불리기도 했었다. 일제강점기 산정호수에서 내려온 물로 농사를 지었는데 지선을 따라 호수 가까운 곳부터 4, 5, 6, 7로 번호를 매겼고 이곳은 맨 끄트머리라 그렇게 불렀다. 알곡이 익는 들판엔 허수아비를 우습게 아는 참새들이 재잘거리고 협곡 아래 붉은 단풍 숲으로는 소쩍새나 북방쇠찌르레기가 울음을 운다. 겨울 들판엔 이르게 찾아온 재두루미나 참독수리가 깍깍대기도 하고 새벽녘엔 잠들기 싫은 수리부엉이나 올빼미가 꾸욱꾸욱 대기도 하는데 일년 내내 울어 젖히는 새소리 중에는 오세철의 풀피리 소리도 있다.

인류가 발견해 낸 최초의 신호 풀피리

풀피리의 역사를 따지자면 그 어떤 악기보다 오랜 시간을 거슬러 가야 한다. 고구려, 백제 시대에는 도피필률(桃皮觱篥, 복숭아 껍질을 벗겨 부는 악기)로 불렸다고 『삼국사기』에 기록되어 있고 고려 때의 문장가 이규보는 당대에 유행했던 소리로 풀피리를 꼽았다. 조선 성종 24년(1493)에 발간된 『악학궤범』에는 이름을 초적(草笛)으로 적고 아예 연주 방법과 갈잎, 도피(복숭아나무 껍질), 화피(벚나무 껍질) 등 불기 좋은 재료들까지 소개했으니 우리가 알고 있는 국악기 대금, 해금, 거문고, 가야금처럼 궁중음악의 한 부분으로 인정받았다는 건 큰 의미가 있다.

영조 때 풀피리의 명인 강상문은 『진연의궤』(영조 20년 1744)에 이름을 올렸고 일제강점기 때 강춘석은 대금의 박종기, 퉁소의 유동초와 함께 풀피리[草笛]의 명인으로 유성기 음반을 취입하기도 했었다(『자연의 악기, 산과 들의 소리. 풀피리 오세철』, 경기문화재단, 2007). 풀과 나무가 먼저 난 이후라야 사람의 역사가 시작됐다. 모든 악기들은 사람의 손에 의해 만들어졌지만 풀피리는 사람이 발견해 낸 소리일 뿐이니 풀피리야말로 세상의 악기 중에 가장 오래된 역사임에 분명하다.

이 들판에 오세철의 풀피리 소리가 울린 건 50여 년 전이

오세철 풀피리 전수소 경기도 무형문화재 제38호 풀피리 전수소는 한탄강변에 있다. 제자들이 찾아와서 풀피리를 배우는 곳이다. 그가 중학교 1학년 때 스승 전금산 선생으로부터 배웠던 서치기, 혀치기, 목더름, 서자침 등 풀피리의 기법들은 스스로 완성 단계를 넘어섰고 음정과 음색 또한 다른 악기와의 협연이 얼마든지 가능하다.

다. 그는 어린 시절 친척 집에 놀러 갔다가 이웃 할아버지의 풀피리 소리에 혹해서 일생을 풀피리를 잡고 살았다. 중학교 1학년 때 풀피리를 알았고 그의 풀피리 가락은 동네의 자랑이 되었다. 잔칫집에서 불면 춤을 추었고 상가집에서 불면 따라 울었다. 봄이면 물오른 버드나무 가지를 비틀어 속 나무를 빼고 불던 버들피리(일명 호디기)가 전부였던 사람들에게 그의 풀피리는 묘기에 가까웠다. 실제로 그는 1970년대 후반 유행했던 묘기 대행진 프로에 나가 극찬을 받은 적도 있었다. 휘바람만 불어도 뱀 나온다며 재수 없다고 했던 시절이었다. 피리를 불면 풍각쟁이라며 장터나 돌아다니며 얻어먹는 사람 취급하던 시절이기도 했다. 다른 사람들은 다 좋아했지만 그의 집안에서만은 좋아할 리가 없었다.

풀피리 연주는 휘바람과 꼭 닮았다. 지공, 지판이나 건반을 눌러서 음정을 맞추는 것이 아니라 연주자의 머릿속에 입력된 선율만을 표현해 낸다. 악보를 보고 휘바람을 부는 사람은 없는 것처럼 풀피리도 마찬가지다. 풀피리 연주자들이 부는 선율은 피나 살과 근육처럼 몸속의 일부를 끄집어내 청중을 만나는 것이다. 트로트만 아는 사람은 트로트만, 동요만 아는 사람은 동요만 연주할 수밖에 없다.

오세철은 중요무형문화재 29호 서도소리 배뱅이굿의 장인고 이은관 선생으로부터 사사를 받았다. 그가 목청껏 불러 젖히는 〈창부타령 청춘가〉, 〈메나리 가락〉 등 경기민요와 서도민요, 배뱅이굿의 절정 부분은 모두 풀피리로 재현된다. 그가 부는 〈청성가〉나 〈한오백년〉도 좋지만 직접 만든 〈한탄강 아리랑〉 또는 오세철류 〈풀피리 산조〉는 오직 그의 입을 통해서만 들을 수 있다. 그의 풀피리는 2002년 11월 경기도 무형문화재 38호로 지정되었다.

자일리의 새벽은 오세철의 풀피리 소리로 시작한다. "쪽쪽쪽 찌르르르르 찌르르르르 꾸억꾸억" 겨울 철새가 여름에 날아온 듯, 여름 멧새의 사랑 놀음이 절정에 이른 듯, 구슬프거나 간드러지는 오세철의 새소리는 어김없이 새벽 네 시에 울고 한탄강의 절경 위아래를 휘돌아 마을 입구 도라지 꽃잎에 앉으면 꽃잎 밑에 숨어서 잠을 자던 새들은 그제서야 잠을 깬다. 일생 풀피리가 손에서 떠난 적 없는 것처럼 농사일도 손에서 놓은 적이 없었다. 벼잎, 갈잎, 아카시아. 개복숭아 모든 게 지천으로 널려 있어 손때 묻힐 일 없는 악기들과 함께 피리 불듯 농사짓고 농사짓듯 소리를 가다듬었다. 2018년 가을엔 그가 사는 집 앞에 입간판을 하나 세웠다.

"경기도 무형문화재 제38호 풀피리 전수소"

제자들이 찾아와서 풀피리를 배우는 곳이다. 그가 중학교

1학년 때 스승 전금산 선생으로부터 배웠던 시치기, 혀치기, 목더름, 서자침 등 풀피리의 기법들은 스스로 완성 단계를 넘어섰고 음정과 음색 또한 다른 악기와의 협연이 얼마든지 가능할 만큼의 경지에 있으니 제자들의 입장에서야 스승의 뼈 때리는 한마디를 감내해야 하는 곳이겠지만 스승의 웃음은 늘 넉넉하다. 여남은 명의 수제자가 있고 스승의 명맥을 이어나갈 재원 또한 충분하니 한탄강의 오세철류 풀피리 소리는 듣는 귀가 있다면 언제든 이어질 것이다.

• • • • 풀피리 전수소 앞 울타리에는 머루나무가 한 그루 있습니다. 그 나무 하나에서만 50kg의 머루가 열린답니다. 풀피리 명인은 가을이 되면 그걸 따서 청을 담구는데요. 파랗게 달착 지근한 머룻물의 맛이 그렇게 좋을 수가 없습니다. 물론 아무나 맛 볼 수는 없지요. 자연의 소리가 그리워 배움을 자처한다고 해도 도레미솔라, 중림무황태 정도는 소리를 내야 한잔 얻어 먹을 수 있지 않겠습니까.

한탄강 어울길에 드신다면 오감을 다 열어 놓아야 할 일이지만 뗏마루길에 이르면 특별히 귀를 더 많이 열어 놓으셔야 할 겁니다. 한탄강 협곡을 유랑하는 여울 물소리, 한바탕 소나기가 몰고 온 바람 소리, 거기에 화들짝 놀라는 새의 울음소리와 함께 어우러지는 풀피리 소리. 그중에서도 진짜 새의 울음과 하나도 다르지 않은 명인의 새 산조를 기억해 내신다면 그 이상의 기행은 없지 않을까요. 한술 더 뜨면 아예 풀잎 하나 입에 물고 휘이휘이 불어 보시지요. 누가 압니까, 짝 없는 새 한 마리 날아와 어깨 위에 앉아 주실지.

23

김광우 조각공원
경계에서 태어나 평화에 묻히다

시인 김남주가 외쳤다 "38선은 38선에만 있는 것이 아니다." 당신이 부닥치고야 마는 입산금지의 팻말에도 있고 수상하면 다시 보고 의심나면 짖어대는 이웃집 강아지의 주둥이에도 있고 그래서 감옥의 높은 담벼락에도 있고 침묵의 벽 그대 가슴 속에도 있다고. 그런 적이 있었다. "간첩 잡는 아빠 되고 신고하는 엄마 되자"고 새벽같이 일어나 엄마에게 표어를 읽어 준 때도 있었고 "이상하면 살펴보고 의심나면 신고하자"고 동네에 일 보러 온 낯선 사람들을 못된 눈초리로 째려본 적도 있었다. 근면, 성실이 모든 학교의 급훈이었지만 새벽이슬 맞고 산에서 내려오는 아저씨는 일급 경계의 대상이었으니 근면도

의심받지 않을 만큼의 정도껏이어야 했었다. 그런 나를 동네
어른들은 무척 기특하게 여겼던 듯하다. 대학물을 좀 먹고 집
에 다니러 온 나에게 어머니가 조심스럽게 말했었다 "얘, 사
람들이 너를 빨갱이라 그래. 대학 들어가더니 빨갱이 됐다고
……." 충격이었다. 그리고 억울했다. 나는 동네에서 개중 착
했고 개중 공부를 좀 했고 거기다가 학교 반공부장만 8년에
애향반장까지 거쳤던 이른바 동네 범생 중에 범생이었다. 누
가 모함을 했는지를 따져 묻고 싶었지만 참았다. 억울함보다
는 무서움이 더 컸던 것 같다. 누구라도 빨갱이라고 찍히면
그런 줄 알아야 하는 시절이었다. 그때 내가 했던 언사라는
게 별 게 없었다. '군사독재'란 말을 썼었던가, 당시 광주사태
에 대한 언급을 하긴 했었다. 꽤 오래전의 추억이다. 시인은
38선이 38선에만 있는 것이 아니라고 했지만 내가 나고 자란
곳은 38선이 코앞인 동네였다.

전쟁으로 자란 아이는 평화의 작가가 되고

"인간에게 태어난 장소의 정신적 육체적인 영향은 대단한 거
야. 난 여기서 태어났지만 항상 전쟁들을 했어. 어린 마음에
왜 인간은 전쟁을 해야 하느냐는 질문이 앞설 수밖에……."
(김광우, 『월간포천』 인터뷰 중에서). 38선에 탯줄을 묻고 육신을

조각가 김광우 "고향 포천에서 마지막 남은 예술 인생의 꿈을 이루고 싶습니다." 포천 출신의 한국을 대표하는 조각가로서 예술계에 커다란 족적을 남긴 김광우 전 동아대 교수. 그는 예술혼을 담은 노익장의 집념을 불태우며 창작 활동을 했다. 후배 조각가 원승덕이 만든 〈김광우 두상〉.

묻은 작가가 있다. 조각가 김광우. 그가 태어난 곳은 창수면 주원리다. 정확히 북위 38도 008887, 우리가 아는 38선보다 800m 위였다. 1941년생이니 5살 때 해방을 맞았고 그해 9월 2일에 확정된 군사분계선으로 인해 그는 조선의 아이에서 북한의 아이가 되었다. 열 살 때 한국전쟁을 겪었고 열세 살 때는 드디어 남한의 아이가 되었다. 그맘때 아이가 놀던 곳은 금수정, 창옥병이 있는 영평천이었다. 맑은 여울의 기암괴석을 미끄럼틀 삼아 물놀이를 하던 곳은 그대로였지만 유년 시절부터 그의 나라는 세 번이 바뀌었다. 그것도 전쟁을 매개로. 30리 먼 산길을 걸어 중고등학교를 다녔고 미술대학에 진학했다. 그리고 60여 년을 조각가로 살았다.

그의 신조는 '변화'였다. 예술가는 언제든 변화할 준비를 해야 하고 실행에 옮겨야 한다는 것이 그의 지론이었다. 자연은 그의 품속에 이미 내재되어 있던 생물이었다. 그가 세상에 나와 겪었던 문명의 모습은 그가 품고 있었던 자연과의 대척점에 서서 인간을 괴롭히는 존재였다. 결국 그가 선택한 예술의 주제는 슬기로운 공존이었고 '자연+인간'이라는 독립적인 주제는 그의 작품을 통해 화해가 되어 세상에 나왔다.

1998년 여름 그는 뉴욕 시내의 쓰레기통을 뒤져 버려진 고물들을 수집했다. 허드슨 강가에 나가 떠내려오는 부목들도 모았다. 폐고철은 움직이지 않으면 사장되고야 마는 인간의 문명이 저지른 짓거리들의 잔해였고 강을 떠내려온 폐목재는 죽어서야 비로소 움직일 수 있었던 나무의 묵묵했던 삶의 증거였다. 그는 3개월 동안의 작업을 통해 자연과 인간의 화해를 상징하는 36점의 작품을 전시했고 『뉴욕 타임스』는 이 소식을 1면에 실었다.

"김광우의 작품은 살바도르 달리가 살아있다면 그에게 흥분을 자극할 만큼 엉뚱하고 서로 전혀 관계없는 형상화된 형태와 사물의 병치(juxtaposition) 효과가 두드러지는 작품"이라고 미술평론가 비비안 레이너는 평했다. 폐경운기 엔진 부분에 소머리를 달아 노동을 표현했는가 하면 대리석으로 만든 공작의 몸통에는 쇠붙이로 엮은 날개를, 죽은 물고기에 바퀴를 달아주는 등 결합이 불가능하다고 여기는 오브제를 통해 새로운 주제들을 창조했다.

1975년 상파울루 비엔날레를 시작으로 350여 회의 국내외 초대전을, 2005년 대통령 표창과 2006년 홍조근정훈장 등을 수상했고 4회에 걸쳐 부산비엔날레 바다미술제 전시감독을 맡았다. 그는 동아대학교 예술대학장을 마지막으로 30여 년의 교수 생활을 마치고 2006년 고향으로 돌아왔다. 1950년 6월 25일 그의 나이 열 살 때 한국전쟁을 시작하는 최초의 포

인간에서 자연으로 소로를 따라 100m쯤 가면 정성 들여 쌓은 돌담길이 나오고 너른 잔디 위에 그의 작품들이 전시되어 있다. 양은 냄비를 펴서 너트로 연결한 〈말머리 두상〉과 〈반가 보살상〉 같은 설치작품은 한눈에 작가의 고된 품을 느끼게 한다.

미완성 작품 조각공원에서 가장 큰 작품은 아직 미완성이다. 폐철근을 엮어 고래만 한 물고기를 만들고 위에 헬리콥터의 프로펠러를 달았다. 역시 해석은 보는 이의 몫이다. 그 작품에는 계단이 있어 물고기 내부로 들어갈 수 있다.

성을 들었던 곳이었다. 그는 이곳에서 공간을 조각하기 시작한다. 영평천으로 가는 얕은 뒷산의 오솔길과 나무를 배경으로 집 앞에 펼쳐진 사계의 들판을 그의 작품으로 조각해 나가는 꿈을 꾼 것이다. 창수면 주원리 김광우 조각공원 입구에는 날개짓 하는 여신상 아래로 38선 평화마을이라는 그의 글씨가 새겨져 있다. 소로를 따라 100m쯤 가면 정성 들여 쌓은 돌담길이 나오고 너른 잔디 위에 그의 작품들이 전시되어 있다. 양은 냄비를 펴서 너트로 연결한 〈말머리 두상〉과 〈반가보살상〉 같은 설치작품은 한눈에 작가의 고된 품을 느끼게 하고 '자연+인간'에 우연의 개념을 표현한 대리석이나 비닐포대 같은 추상 작품들은 해석을 해야 할 듯하나 해석이 안 되는 모호함으로 손님을 맞는다. 후배 조각가 원승덕이 만든 〈김광우 두상〉은 인간에서 자연으로 귀결되고자 하는 작가의 모습을 거친 촉감으로 표현했다. 조각공원에 전시된 모든 작품은 비와 바람에 젖고 햇볕에 마른다. 인간이 만들었으나 작품의 품위를 더하는 것은 자연과 시간이다.

38선 평화 조각공원

조각공원 입구에는 작가의 창고가 있다. 일렬로 늘어놓으면 몇 백 미터는 넘을 것 같은 작가의 손때 묻은 공구부터 소품들, 미처 전시하지 못한 작품들이 가득하다. 〈귀족의 소파〉는 재질이 모래다. 산업사회에서 대량생산을 목적으로 만들어지는 기존 나무나 철과 동물 가죽 대신 앉으면 금방 부서질 듯한 모래로 만들었다. 그 위에 금 도색을 한 장미까지 얹었으니 고급스럽기 그지없다. 조각공원에서 가장 큰 작품은 아직 미완성이다. 폐철근을 엮어 고래만 한 물고기를 만들고 위에 헬리콥터의 프로펠러를 달았다. 역시 해석은 보는 이의 몫이다. 그 작품에는 계단이 있어 물고기 내부로 들어갈 수 있다. 짐작

평화 조각공원 창수면 주원리 김광우 조각공원 입구에는 날개짓 하는 여신상 아래로 38선 평화마을이라는 그의 글씨가 새겨져 있다. 북한에서 태어나 남한에서 살았던 조각가 김광우. 그의 신조는 변화였고 평화는 그의 사상이었다.

컨대 누구든 조각 작품의 내장 속으로 들어가 밖을 바라보는 풍경은 생전 처음의 경험일 수밖에 없을 듯하다. 작가의 해설을 듣고 싶은 단 하나의 작품을 꼽으라면 창고 앞에 전시된 총이다. 기관단총 총구 쪽은 칼 같은 날카로운 것들이 묶여 있고 총의 중반부터 개머리판까지는 뭔가 다른 형상을 하고 있다. 보는 이의 상상력이 부족할 때 작가의 설명은 그날 그 작품과 함께했던 시간의 의미까지 덧붙어야 이상적인 감상 행위가 될 터인데 작가의 진실된 의도를 파악하는 일은 이제는 불가능하다. 조각가 김광우는 2021년 3월 30일 이곳에서 타계했다.

•••• 조각가 김광우는 경계에서 태어난 사람입니다. 일제강점과 분단으로 인해 그는 생전에 세 개의 나라에 살았지만 정작 그가 산 것은 자연과 고향이었습니다. 그가 태어난 곳은 남한과 북한의 경계였지만 그가 산 곳은 자연과 인간의 경계였습니다. 그는 끊임없이 인간의 것을 자연으로 나르고자 했던 짐꾼이었습니다. 그가 짊어지었던 것은 평화였습니다. 인간이 자연에게 퍼부었던 소리 없는 포성에 대한 반성이었다고도 볼 수 있습니다. 내가 겪었던 38선에 대한 기억보다 한층 더 끔찍했을 김광우의 분단의 기억은 이곳 김광우 조각공원에서 우연처럼 다가온 생명에 대한 경외로 다시 태어났습니다.

"나는 뭘 할 때 계획을 하지 않아. 그런 질서 따위에 얽매여 살고 싶지 않아. 그래서 항시 무계획 즉흥과 직관과 그런 생각을 갖고 사는 거야 .예술은 언어나 논리가 아니잖아. 직관적으로 너와 내가 만나는 게 예술이야. 예술은 배우는 게 아냐, 느끼는 거지. 자유롭게 생각하고 구김새 하나 없이 자유롭게 행동할 줄 아는 사람들이 자유로운 표현을 할 수 있다는 거지."

현대미술의 거장 조각가 김광우는 다시 38선의 경계에서 평화라는 꽃을 심으려 했다고 생각합니다. 그러나 그것은 나의 미숙한 결론일 수 있습니다.

"한두 시간에 나의 작품 세계를 다 알 수 있을까? 그냥 느끼면 돼." 작가의 귓엣말이 들려오는 듯합니다. 해석은 당신이 알아서 하라는 뜻입니다. 당신의 해석은 완전하지는 않겠지만 당신에게 그리고 작품에게 큰 의미가 있습니다. 작품에 생명력을 불어넣는 중요한 행위가 됩니다. 예술이 언어나 논리가 아니라는 작가의 말을 되새기면 작품 앞에 서서 느낄 수 있는 마음만으로도 충분히 그 아름다운 행위를 할 수 있습니다.

24

포천 방어벙커 · 38선 휴게소
총보다 꽃, 간단한 명제

1945년 9월 2일로 가보자. 맥아더는 전후 처리를 위한 '미국 육군 태평양 지역 총사령부 일반명령 제1호'를 포고했고 이로써 38선이 그어졌다. 서기 918년 태조 왕건이 고려를 건국한 이후 1027년 만에 한반도에 그어진 분단선이었다. 이후 38선을 경계로 끊임없는 국지전이 벌어졌다. 1949년 1월 18일부터 한국전쟁이 발발한 1950년 6월 24일까지 남과 북의 전투 횟수는 무려 874회였다. 1949년 3월에 발발한 개성 송악산의 무력 충돌은 거의 전쟁에 비견되는 수준이었다. 포천 또한 5년여에 걸친 크고 작은 전투의 최전선에 속했다. 포천 시내로부터 불과 15km 위에 38선이 그어져 있었기 때문이다.

포천 방어벙커

1950년 6월 25일 비극의 서막을 알리는 포성이 터지고 소련제 T-34 전차를 앞세운 북한군이 물밀듯 내려왔다. 선전포고조차 없는 일방적인 침략이었고 암호명은 '폭풍 224'였다. 포천 방어벙커(bunker)는 38선으로부터 불과 11km에 위치해 있다. 1948년 북한의 침공에 대비해 만든 네 개 진지 중 하나였다. 예고 없는 침공으로 38선이 삽시간에 붕괴되었으니 교전이 벌어진 시간은 6월 25일 새벽이었을 것이다. 호국로의 북쪽에서 전차의 굉음이 들리고 북한군이 나타나길 기다리는 벙커 안의 병사들은 얼마나 초조했을까. 개전 초기 마땅한 대전차포도 없었으니 개인화기인 M-1 Grand 소총을 만지작거리며 두려움에 떨었을 것이다. 총검까지 장착하면 170cm가 넘는 따꿍총(M1891/30모신, 나강소총)을 메고 생경한 도로를 따라 행군하던 북한군 병사 또한 마찬가지였을 터, 벙커에 큼지막하게 뚫린 포탄 자국은 그날 새벽의 악몽 같은 전투의 흔적을 고스란히 보여준다. 이곳에서 그 어린 병사들은 서로를 향해 방아쇠를 당겼고 죽이거나 죽었다. 그리고 희생된 병사들의 나이나 숫자를 챙길 틈도 없이 70년이 흘렀다.

벙커는 원형으로 90cm 두께의 콘크리트 속에 20cm 간격으로 철근을 배치해 놓았으나 상대의 무기는 벙커의 방어체계

총보다 꽃 벙커의 철근이 고스란히 드러나 녹이 슬었다. 강고하게 지어 놓은 벽도 포탄을 막
아내지 못했다. 그날 벙커 안에는 몇 명의 병사들이 있었을 것이다. 전쟁은 우리 편이 아닌 모
든 것들을 적으로 돌려야 하는 반인륜적인 행위다. 전쟁의 상흔 위에 꽃을 얹어 두고 싶었다.

를 무력화시킬 만큼 강력했다. 그들의 죽음이 모두 합법적이었다는 사실이 두렵다. 전쟁은 모든 살인을 정당화시킨다는 무서운 명제를 이 작은 공간 속에서 확인한다. 벙커 안으로 들어가면 한낮의 햇살이 군데군데 뚫린 포탄 구멍을 타고 들어와 무대 위의 조명처럼 내부를 비춘다. 햇살의 끄트머리에 '총보다 꽃'이란 글귀를 새긴 데이지 화분을 놓아두고 싶다. 데이지의 꽃말은 평화이다. 포천 방어벙커는 신북면 기지리 45번지에 있다. 신북면 사무소를 지나 1km쯤 가다 보면 우회전하는 호국로길 오른쪽 모퉁이 뒤에 있어 자칫 그냥 지나치기 십상이다. 2013년 12월 20일 국가등록 문화재 제578호로 지정됐고 군사시설 문화재로 지정된 토목 구조물 중 한국전쟁과 관련해서는 '포천 방어벙커'가 유일하다.

추억의 38선 휴게소

경계의 최소 단위는 나와 당신이다. 당신은 나와 많이 같지만 더 많이 다르다는 걸 느낄 때 경계는 생겨난다. 서로의 다름을 어떻게 받아들이는가는 관계에 해당한다. 경계로 인하여 스스로를 지키는 보호막을 만들 수 있지만 또한 경계로 인하여 상대를 침범할 수도 있다. 지금까지 '나'는 '우리'가 되고 지역 인종과 종교 또는 국가로 진화하며 수많은 경계를 쌓아 왔다.

38선 휴게소 한때 38선 휴게소는 최전방으로 가는 길에 있는 가장 큰 마지막 휴게소였다.
'추억의'라는 어구가 옛 기억을 소환한다. 모든 경계가 추억이 되는 날을 그려본다.

경계를 화해로 풀어 내는 경우도 많았지만 거의 대부분은 상대를 경쟁의 대상으로 삼았었다. 경계가 대립의 상징이 된 것이다. 경계를 없애는 일은 불가능하다. 인간으로 태어나 신의 지위를 받았으나 결국 인간으로 죽음을 맞이했던 예수조차도 그 경계를 넘어서지는 못했다. 그러니 경계를 허무는 일이 어렵다면 경계 사이의 대립적 긴장을 어떻게 부드러움으로 치장할 것인가가 더욱 중요하다. 그것이 관계이다. 경계선에 높은 장벽을 치면 단절이고 무기를 들이대면 전쟁이지만 꽃을 심으면 공존과 평화의 관계가 된다. 『논어』「자로편」에 화이부동(和而不同) 하면 군자와 같고 동이불화(同而不和) 하면 소인이 된다고 했다.

38선 휴게소에 들어서면서 웃음부터 나는 건 '추억의'라는 어구 때문이다. 오래된 기억을 끄집어내면 추억이 되고 이내 포근해지는 건 겪어 본 사람만이 가지는 특권일 수 있겠다. 포천시 영중면 호국로 3020. 내가 처음 이곳에 온 건 고등학교 2학년 때였다. 2차선으로 된 43번 국도를 따라 무작정 자전거를 타고 달렸던 어느 날, 이만하면 됐다 싶어 반환점으로 삼았던 곳이었다. 그때 38선이 이렇게 가까운 줄을 처음으로 알았다.

의정부 306보충대로 입대해서 전방의 자대로 가는 길에 신병들을 태운 버스가 잠시 정차한 곳도 이곳이었다. 화장실에 들렀었던가. 우유를 한잔 사 먹었었던가. 혹시 고교 동창들이라도 마주쳐 볼까 싶어 휴게소를 잠시 두리번거렸던 기억은 선명하다. 휴게소가 있는 양문2리를 뒷개울이라고 불렀고 이 동네 출신 동창들이 몇 명 있었다. 자고 일어나니 선이 그어졌고 한 마을은 졸지에 남과 북으로 갈라졌다. 같은 동네 사람인데도 누구는 남쪽 사람 누구는 북쪽 사람이 되었다. 당시에 성업 중이었던 한 이발소는 38선의 정중앙에 있어 집이 남북으로 나뉜 경우도 있었다는 얘기를 그 친구들에게 들은 기억도 있다. 원래의 이름은 38 만남의 광장이었는데 최전방으로 가는 길에 있는 가장 큰 마지막 휴게소였다.

이 모든 것이 추억이 되었다는 게 신기하지만 그만큼의 세월이 흘렀다. 휴게소 간판은 많이 녹슬어 있고 부산했던 상점들은 모두 문을 닫았다. 방문객들의 행렬도 멈춘 지 오래됐지만 38선(38th parallel) 글자가 새겨진 표지석은 펄럭이는 태극기와 함께 세월의 무게를 더한 듯 묵직하다. 이곳에는 평화통일의 의지를 담은 비석들이 여러 개 있다. 6·25 참전 유공자 기념비도 있고 실향민의 애절한 망향의 한을 담은 비석도 있다. 추억은 녹슬었으나 기억은 여전히 생생한 역사의 쓰라린 현장으로 남아 있다.

•••• '永世無窮 國家繁昌, 平統成就 總和進軍(영세무궁 국가번창, 평통성취 총화진군)'이라는 문구가 눈에 들어옵니다. 만약 당신이 이곳에 오신다면 당신 안에 존재하는 경계를 확인해 볼 일입니다. 경계에 총성이 울리게 할 수도 꽃향기가 퍼지게 할 수도 있습니다. 화이부동할 수도 있지만 동이불화할 수도 있는 거지요. 군자와 소인의 경계조차 모호하니 옳고 그름의 가치를 여기에 대입하기는 어렵습니다. 양자 모두 호국하는 길이라는 신념을 부인할 수도 없습니다. 지금까지의 대립적 남북관계를 바라보는 필연적 현상입니다. '추억의'라는 수사를 단 휴게소의 녹슨 간판과 38선 표지석의 울림을 나는 이렇게 들었습니다.

"모든 경계에 꽃을 심어야 하지 않겠는가"라고.

25

호국로와 영평 로드리게스 사격장

호국의 가장 유용한 도구는 무엇일까

호국로는 경기도 고양시 행주외동의 행주IC부터 강원도 철원군의 용암 삼거리를 잇는 도로명이다. 총 길이는 112.3km다. 1987년 12월 의정부시 의정부동에서 포천군 신북면 가채리까지 잇는 4차선 도로를 완공한 후 당시 대통령 전두환 씨가 축석고개 마루에 '호국로(護國路)'라는 친필휘호를 써서 비석을 세웠다. 모든 공덕비에 으레 새겨 놓는 문구가 여기에도 있다. "전두환 대통령 각하의 분부로 시행한 공사로서 호국로라 명명하시고 글씨를 써 주셨으므로 이 뜻을 후세에 길이 전한다."

호국로로 명명하기 전에는 43번 국도였다. 포천 관내로는 축석고개부터 송우리, 포천 읍내와 양문, 운천을 지나 영북면 자일리까지이고 포천은 물론 인근 철원과 화천의 군부대로 배치받은 신병들을 태운 버스가 지나가던 길이었다. 신병이었던 나도 고향 마을이 눈앞에 있는 이 길을 지나면서 울컥한 적이 있었다. 반대로 그 일대의 모든 군인들이 휴가라는 청춘의 짜릿함을 즐기기 위해 상경하는 유일한 통로이기도 했다.

그 길에는 네 개의 검문소가 있었다. 6사단과 3사단이 만나는 지점에 있는 송정 검문소, 이동과 영평 쪽의 군인들이 교차하는 성동 검문소. 그리고 일동 쪽 8사단이 합류하는 만세교 검문소와 수도권인 의정부로 진입하는 초입의 축석 검문소. 초등학교 4학년 학급회의가 생기고 나서부터 고2 때까지 내리 8년을 반공부장만 했었다. 한 주간의 실천 사항은 언제나 불온 삐라를 잘 줍자 아니면 수상한 사람 신고 잘 하자였다. 나름 반공 소년이었던 셈이다. 검문을 하는 헌병들에게 군복을 입은 병사들은 고양이 앞의 쥐였다. 반공 소년 시절의 나도 자주 검문에 응해야 했는데 학생증을 내밀 때마다 가슴이 두근거렸었다. 잡혀갈까봐. 실제로 군인 형들 중에서는 버스에서 끌려가듯 내렸던 이들이 있었다. 호국(護國)하러 군대에 온 젊은이들을 좀 더 쎄게 호국하는 젊은이들이 통제하던 시절이었다. 휴가병이나 면회객들은 철원이나 문혜리, 일동,

이동을 출발하면 포천을 지나 서울 마장동 시외버스 터미널이 종점인 영종여객 버스를 탔다. 차의 냄새가 심해 멀미 봉투 몇 장은 꼭 챙겨야 하는 필수품이었다. 자가용이 없어 대중교통을 이용해야 했던 "라떼는 말야" 정도의 옛날 얘기다. 호국이란 말이 분단의 산물임을 부인할 필요는 없다. 지금 사람들은 군부대나 소총을 멘 군인들의 행군 대열에 익숙하고, 사라진 검문의 추억처럼 호국로에는 한국전쟁과 분단으로 기인한 흔적들도 많다. 축석고개를 넘어 포천 관내임을 알리는 표지판 문구는 의미심장하다. '평화시대 남북경협 거점도시'. 이렇게 생각해 보자. 포천은 언제나 호국해 왔다. 예전의 도구는 반공이었겠으나 현재의 도구는 평화다.

영평 로드리게스 사격장

38선 휴게소가 분단 시대의 추억이라면 분단의 현재 진행형은 로드리게스 사격장이다. 주한미군은 물론 해외 병력들까지 미군의 지상군 전력, 그러니까 박격포와 전차, 헬기 사격까지 쏠 수 있는 거의 모든 무기들의 사격 훈련을 이곳에서 진행한다. 1953년 한국전쟁 직후에 생겨나 지금까지 사용되고 있는 미군 전용 사격 훈련장으로 면적은 영중, 창수, 영북 등 3개 면에 걸쳐 1,322만㎡가 된다. 평수로는 450만 평. 비교하기 쉽게 여의도 면적의 4.5배로 아시아 최대의 규모이다. 추억의 38선 휴게소에서 북쪽을 바라보면 영평천을 지나 우뚝하게 솟은 불무산(667m)이 있다.

능선이 유려해서 많은 등산 애호가들의 버킷리스트에 등장하지만 정상에 오르는 일은 깔끔하게 포기하시는 게 좋다. 불무산의 남서쪽 5부 능선까지 포탄이 터지는데 유탄과 도비탄의 향방을 등산객이 막아낼 재간이 없는 것은 당연하고 연중 300여 일 훈련이 계속되니 산이 쉴 틈도 없다. 지구 최강의 화력을 자랑하는 AH-64E 아파치 가디언 헬기의 위용은 대단하다.

최고 시속 365km에 전투 반경 480km로 한반도 남쪽 전역을 담당할 수 있고 하이드라 70mm 로켓포는 70발, M230 30mm 기관포는 최대 1200발을, 스팅어 지대공 미사일과 헬파이어 공대지 미사일은 20발을 쏠 수 있다. AH-64E 아파치 가디언 헬기의 가격은 대당 350억 원 정도이고 주한미군은 48대를 운용 중이며 한국은 72대를 보유하고 있다. 한국은 미육군 다음으로 세계에서 가장 많은 아파치 헬기를 보유한 나라다.

여하튼 오늘도 불무산은 가공할 만한 화력을 뿜어 내는 포격을 묵묵히 받아내고 있으니 산이 남아 있은 게 신기할 정도

영평 사격장 분단의 현재진행형 로드리게스 사격장. 주한미군은 물론 해외 병력들까지 미군의 지상군 전력, 그러니까 박격포와 전차, 헬기 사격까지 쏠 수 있는 거의 모든 무기들의 사격 훈련을 이곳에서 진행한다. 70여 년 동안 고통을 겪고 있는 주민들을 위한 대책 마련이 시급하다.

다. 통일된 이후에도 미군이 이 땅을 한국 측에 반환할지는 여전히 미지수다. 불무산이 미군의 전술적 목적에 완벽하게 부합하기 때문이다. 문제는 사람이다. 인근 초등학교와 마을 위로 헬기가 선회하고 포성이 끊이지 않는다. 최고 순간 소음이 115db로 항공기 이륙 때나 발생하는 정도이고 거의 참을 수 없는 상태로 진단된다.

훈련이 시작되면 학생들의 공부는 물 건너 갔다고 보면 되고 가축들은 유산을 거듭하고 인근 주민들은 철렁이는 심장을 진정시킬 방법이 없다. 영중면 사무소 옥상에 올라가면 대형 불꽃놀이에 버금가는 야간 사격 풍경을 볼 수 있었다고 자조하는 주민들의 목소리가 안스럽다. 2018년 8월 야간 사격은 중지됐다. 불무산 넘어 인근 전차대대 숙소에 25발의 유탄이 날아들었기 때문이다. 이듬해 1월에는 미군이 훈련 중 쏜 예광탄 파편의 불꽃이 불무산 능선으로 튀었다. 산불은 불무산 정상을 넘어 영북면 야미리까지 번졌다. 소방대원들이 긴급 출동했지만 사격장으로의 출입이 자유롭지 못했다. 미군 측의 허락이 있어야 했기 때문이다.

결국 산불은 나흘 만에야 진화됐다. 그러나 지금도 종종 포격을 받은 바위 파편이 2km를 날아 민가의 지붕 위에 떨어지는가 하면 인근 기도원엔 대전차 유도탄이 벽을 뚫고 들어와 터지는 등 사고가 끊이질 않는다. 로드리게스 사격장의 포성도 여전하다.

•••• 호국로는 철원 용암 삼거리에서 멈추지만 통일을 꿈꾸는 당신이라면 화천에서 오는 56번 국도를 만나 비무장지대를 넘고 평강을 지나 금강산을 에돌아 원산까지 단번에 달려가는 상상을 할 것입니다. 당신의 상상을 태우고 가는 차 안에는 무엇이 실려 있을까요. 장벽과 철책으로 상징되는 경계는 놓아 두고 북상하는 봄꽃 소식 한아름 싣고 떠나시길 바랍니다. 분단의 기억은 녹슬도록 놓아 두고 금강산 단풍만 가득 담아 오시길 또한 바랍니다. 무기를 더 많이 쌓아야만 평화가 온다는 말은 거짓임을 믿습니다. 총탄은 아이와 군인을 구별하지 못하고 포탄은 군수공장과 병원을 구별하지 못하기 때문입니다. 그러니 당신의 차 안에는 총탄이 뿌려진 숫자만큼 꽃씨를, 쟁여둔 포탄의 숫자만큼 나무가 실려 있기를 바랍니다.

평화로 가는 길은 없습니다. 평화가 길입니다(There is no path to peace. Peace is the path — 간디).

참고 자료

국민대학교 한국학연구소, 「삼국시대(三國時代) 포천(抱川) 지역의 역사 전개와 위상」, 한국학논총 38권, 2012.

김덕원, 『포천탄생 600년 기념 총서1 : 기록으로 보는 포천』, 포천시청 문화관광과, 2013.

김영호, 『조선의 협객 백동수』, 푸른역사, 2002.

김은경, 이혜주, 「광릉 전나무 식재기록에 관한 고찰」, 한국전통조경학회, 2019.

문화재청, 「한국 천주교의 개조開祖 이벽을 만나다」, 월간 문화재사랑, 2008. 3.

박석무, 「면암 정신으로 정치 바로 세우고 위기 극복해야」, 월간포천, 2020. 3.

박종희, 『박종희가 들려주는 가평 포천 힐링여행』, 한국 폴리애드, 2019.

박진태 외, 『포천탄생 600년 기념 총서3 : 조선시대 포천인물 이야기』, 포천시청 문화관광과, 2013.

산림청, 「공립 포천 하늘 아래 치유의 숲 현황」, 2017.

서범석, 「김종삼 시비 이전에 담긴 뜻」, 서범석의 시와 풀꽃사랑, 2012.

손승호, 「포천 아트밸리, 버려진 계곡이 예술로 채워지다」, 지방행정 61권, 2012.

신정일, 「궁예가 세운 태봉국의 수도, 철원을 찾아가다」, 여행스케치, 2018.

오현경, 「조선왕릉에 분포하는 관속식물상의 특성—광릉을 중심으로」, 한국전통조경학회, 2019.

위화, 『허삼관매혈기』, 푸른숲, 1999.

유홍준, 『나의 북한 문화유산답사기』, 중앙m&b, 1998.

윤주, 『우리가 알아야 할 도시재생 이야기』, 살림출판사, 2017.

윤흥길, 『완장』, 현대문학, 2011.

의정부문화원, 『경기북부 인물뎐』, 2016.

이병찬, 「포천 지역 설화의 분류와 이해」, 독서문화연구 3권, 2004.

이병찬, 『포천탄생 600년 기념 총서2 : 포천의 설화와 문학』, 포천시청 문화관광과, 2013.

이산하, 『피었으므로 진다』, 쌤앤파커스, 2016.

이재범, 『후삼국의 성립과 고려건국』, 경기도사3, 경기도사편찬위원회, 2004.

이종호, 「석굴암 제대로 보기」, 대한민국 정책브리핑, 2004.

이지상, 『여행자를 위한 에세이 北』, 삼인, 2019.

이지상, 『이지상 사람을 노래하다』, 삼인, 2010.

이철우, 『쉰번째 흐르는 한탄강』, 신광문화사, 2011.

이철우, 『한탄강에 서면 통일이 보인다』, 신광문화사, 2010.

이희용, 「포천 고유의 정체성을 스토리텔링하는 노력 기울여야」, 월간포천, 2020. 3.

정흥모, 「포천 '금수정(金水亭)'을 중심으로 한 누정문학 연구」, 한국어문학국제 학술포럼, 2015.

정희성, 『흰밤에 꿈꾸다』, 창비, 2019.

최동원 외, 『포천탄생 600년 기념 총서4 : 마홀과 양골에서 포천까지』, 포천시청 문화관광과, 2013.

최동원, 「조선후기 경기북부 경승지의 현황과 인식 변화 −영평팔경(永平八景)을 중심으로」, 한국학논총 48권, 2017.

최용환 외, 「영평 사격장 주변 주민 지원대책 연구」, 경기연구원, 2016.

친일인명사전편찬위원회, 『친일인명사전』, 민족문제연구소, 2009.

클라우디오 감바, 에우제니오 바티스터 공저, 최경화 역, 『미켈란젤로』, 예경, 2008.

함민복, 『노래는 최선을 다해 곡선이다』, 문학동네, 2019.

『자연의 악기, 산과 들의 소리. 풀피리 오세철』, 경기문화재단, 2007

「접경 지역 한탄강 인문자원 발굴 보고서」, ㈜브랜드아큐멘·대진대학교 학국어문학부, 2015.

「포천 방어벙커 등록 조사 보고서」, 문화재청, 2013.

『포천을 빛낸 인물 연구』, 포천문화원, 2010.

『포천의 독립운동사』, 포천시청, 2019.

「풍물기행 : 하늘을 찌르는 울창한 산림, 광릉수목원」, 평화문제연구, 1991.

경기관광포털 https://ggtour.or.kr/

국가기록원 https://www.archives.go.kr/

금주법 시대, 사람들은 어떻게 술을 마셨을까? https://masism.kr/

디지털포천문화대전 http://pocheon.grandculture.net/

지동 산촌마을 홈페이지 http://jidong.invil.org/

충렬공 김방경 기념사업회 https://cafe.naver.com/iandongkim/

한국학중앙연구원, 한국향토문화전자대전 http://www.grandculture.net/

포천 연표

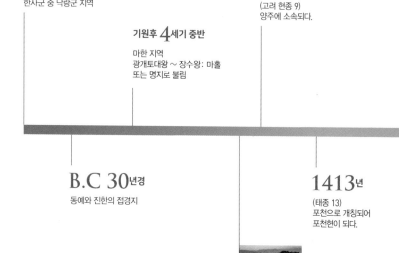

B.C 108년경

한사군 중 낙랑군 지역

기원후 4세기 중반

마한 지역
광개토대왕 ~ 장수왕: 마홀
또는 명지로 불림

1018년

(고려 현종 9)
양주에 소속되다.

B.C 30년경

동예와 진한의 접경지

1413년

(태종 13)
포천으로 개칭되어
포천현이 되다.

918년

6월

궁예 태봉국의 꿈을
명성산에 묻다.
고려 초 포주(抱州)로 개칭

1623년

(인조 1)
다시 포천과 영평이
분리되다.

1816년

(순조 16)
야뇌(野餒) 백동수
사망하다.

1573년

(선조 6)
토정(土亭) 이지함
포천 현감으로 제수되다.

1618년

(광해군 10)
포천과 영평이 합쳐져
영평대도호부로
승격되다.

1797~1799년

영평 현령 박제가, 다산 정약용과 함께
전국 최초로 종두법을 시행하다.

1923년

8월

의열단원 조황(趙晃) 경성 지방
법원에서 징역 5년을 선고받다.

1954년

11월 17일

수복지구로
행정권이 회복되다.

1895년

(고종 32)
포천에 영평이
합쳐져 군(郡)으로
승격되다.

1977년

산정호수가
국민관광지로 지정되다.
(관광진흥법 제52조 1항)

1945년

9월 2일

미국과 소련의 한반도 분할
정책에 따라 38선을 따라
남북으로 나뉘어지다.

1982년
10월 15일

지동 산촌마을 은행나무
정자목 보호수로 지정되다.

2017년
2월 23일

포천 일동막걸리 '담은'
대한민국 주류대상
수상하다.

2020년
7월 7일

포천 한탄강 세계지질공원
유네스코로부터 인증받다.

2017년
6월 30일

세종-포천 간 고속도로
구리-포천 구간이
개통되다.

2003년
10월 19일

포천시로 승격되고 1읍 11면
2행정동 체계로 전환되다.

대한민국 도슨트 13

포천

1판 1쇄 인쇄 2024년 1월 15일
1판 1쇄 발행 2024년 1월 25일

지은이 이지상
펴낸이 김영곤
펴낸곳 ㈜북이십일

TF팀 이사 신승철
TF팀 이종배
출판마케팅영업본부장 한충희
마케팅1팀 남정한 한경화 김신우 강효원
출판영업팀 최명열 김다운 김도연
제작팀 이영민 권경민
지도 일러스트 최광렬
디자인 씨오디

출판등록 2000년 5월 6일 제406-2003-061호
주소 (10881) 경기도 파주시 회동길 201(문발동)
대표전화 031-955-2100 팩스 031-955-2151 이메일 book21@book21.co.kr

(주)북이십일 경계를 허무는 콘텐츠 리더

대한민국 도슨트 채널에서 도서 정보와 다양한 영상자료, 이벤트를 만나보세요!
포스트 post.naver.com/travelstudy21
인스타그램 www.instagram.com/k_docent

ⓒ이지상, 2024

ISBN 979-11-7117-393-8 04900
     978-89-509-8258-4 (세트)